BONS PLANS *pour* ENTRETENIR SA MAISON

Dépôt légal : septembre 2011
ISBN : 978-2-8153-0118-3

www.rustica.fr
www.fleuruseditions.com

SABINE JEANNIN

BONS PLANS *pour* ENTRETENIR SA MAISON

rustica éditions

Propre, tout naturellement !

Alors qu'en France, une famille utilise chaque année plus d'une trentaine de litres de produits ménagers de toutes sortes (environ 20 litres ou kilos de lessive, 10 litres de nettoyants ménagers, et 3 litres de produits vaisselle) et dépense environ 250 € par an en produits ménagers, une étude publiée en 2003 indique que 25 % des cas d'asthme sont dus à des activités de nettoyage domestique. Plus de 900 substances chimiques sont présentes dans une maison, bien souvent par l'intermédiaire des nettoyants ménagers. Il est temps de revenir à des produits plus simples et plus naturels qui préserveront votre santé et l'environnement tout en allégeant vos dépenses...

Limitez la quantité de produits

Si vous voulez changer vos habitudes ménagères, commencez par faire le tri dans votre placard. Il est totalement superflu d'accumuler les bouteilles de détergents ménagers. Les fabricants jouent sur la spécialisation de chaque produit, cependant **4 ou 5 produits de base suffisent pour tout nettoyer dans la maison**. Ne gardez que l'essentiel : un nettoyant multi-usage (sol et surfaces) un chiffon doux antipoussière, un produit à vitre, un produit vaisselle et une lessive. Plus on réduit les sources de parfum - même naturelles - et les combinaisons de produits - même écologiques -, mieux ce sera pour l'air que respire toute la famille et en particulier les enfants, qui y sont très sensibles.

Quelques gestes importants

Rappelons qu'il est indispensable d'ouvrir les fenêtres tous les jours, notamment pendant et après avoir fait le ménage, même en hiver ! **Mettez l'eau de Javel au rebut :** si elle est incontournable à l'hôpital, elle n'est pas indispensable chez vous. D'ailleurs l'utilisation systématique d'eau de

Javel a pour effet pervers de rendre microbes et bactéries plus résistants. Et abandonnez les lingettes, qui génèrent de 3 à 5 fois plus de déchets et qui sont beaucoup plus onéreuses que l'utilisation d'une serpillière et d'un peu de savon noir (15 fois plus cher...). Recyclez vieux chiffons et tee-shirts usagés pour faire vos propres lingettes, réutilisables.

Les produits alternatifs

En quelques décennies, le temps passé à faire le ménage s'est considérablement réduit ; nous n'allons pas nous plaindre de l'amélioration qu'a apportée la science. La corvée du ménage s'est allégée, les battoirs et les lavoirs ont disparu au profit de machines et de produits très efficaces issus de la chimie et de la pétrochimie, mais hélas riches en composants toxiques et nocifs...

Choisir des produits d'entretien alternatifs généralement issus du règne végétal, ne contenant pas de phosphates et parfumés par des huiles essentielles, utiliser des recettes de grand-mère à base d'ingrédients naturels sont **d'astucieux moyens de préserver la planète et sa propre santé**. En France, deux écolabels distinguent des produits et des services plus respectueux de l'environnement : la marque NF Environnement pour le marché français et l'Éco-label européen pour le marché de l'Union européenne.

Choisissez-les de préférence aux autres produits. Mais gardez en mémoire que les produits alternatifs étant moins efficaces que les produits standard issus de la chimie et de la pétrochimie, leur usage entraîne une modification de vos habitudes : entretenir régulièrement votre maison (ne pas attendre que la baignoire soit totalement entartrée et les canalisations bouchées par exemple), traiter une tache avant le lavage en machine, répéter plusieurs fois les mêmes gestes avant d'obtenir le résultat escompté, etc. Rien n'est miraculeux, tout se mérite !

Économisez et faites vos propres produits !

Vous pouvez encore simplifier les choses en investissant dans les produits de grand-mère comme le vinaigre blanc et le bicarbonate de soude. Le citron pressé remplace l'eau de Javel, le sel récure, l'huile essentielle d'arbre à thé ou de citron désinfecte, le vinaigre neutralise le calcaire... Peu de dépenses pour une maison propre du sol au plafond !

Vos dépenses annuelles de produits ménagers se limiteront alors à moins de 40 € par an, couvrant l'achat d'environ 4 bouteilles de vinaigre blanc, 2 kg de bicarbonate de soude, 1 kg de cristaux de soude, 1 litre de savon noir liquide, 3 flacons d'huile essentielle (par exemple citron, eucalyptus et lavande). Vous pouvez, bien entendu, moduler cette liste de base en fonction de vos goûts et des besoins plus ou moins importants de votre famille.

Si vous souhaitez faire vous-même des produits plus élaborés, comptez une dépense de 60 € par an. La fabrication de tels produits se révèle simple, voire amusante. Vous prendrez plaisir à réaliser vos propres produits nettoyants en suivant les recettes de ce livre, et à en varier les senteurs naturelles.

LES BONS PLANS POUR LA MAISON

— PIÈCE PAR PIÈCE —

DANS L'ENTRÉE

Bienvenue ! L'entrée donne le ton de la maison. D'elle vient la première impression des visiteurs. Elle doit être propre, fraîche, accueillante, bien éclairée, harmonieuse.

PAILLASSON IMPECCABLE

Pour nettoyer le paillasson de la porte d'entrée, saupoudrez-le de marc de café humide. Laissez agir la nuit entière. Le lendemain, secouez-le, puis passez l'aspirateur.
Si votre paillasson a besoin d'être désodorisé, saupoudrez-le largement de bicarbonate de soude, laissez agir pendant la nuit et passez l'aspirateur le lendemain.

NETTOYER LA PORTE D'ENTRÉE

Les portes d'entrée en PVC se nettoient avec de la pierre d'argile, appelée également pierre blanche, que vous trouverez dans le commerce (magasins de bricolage, magasins bio, etc.). Celle-ci nettoie, polit et protège. Vous pouvez vous-même faire votre pierre d'argile (voir recette p. 34).

POIGNÉE DE PORTE

Les poignées de portes, de fenêtres et les interrupteurs sont parmi les endroits les plus sales d'une maison. Pensez à les désinfecter régulièrement car ils sont souvent contaminés par des doigts sales… Rhumes ou gastro-entérites se propagent rapidement. Nettoyez avec de l'alcool ménager ou du vinaigre blanc.

TRACES DE DOIGTS

Les traces noires autour des poignées de portes ou des interrupteurs électriques partiront avec un chiffon humide imprégné de vinaigre d'alcool sur lequel vous aurez ajouté 1 goutte d'huile essentielle d'*Eucalyptus radiata*.

BEL ÉCLAIRAGE

Ne laissez pas les ampoules se ternir, la saleté absorbe la lumière et augmente la consommation d'énergie. Nettoyez-les souvent avec un chiffon imbibé d'alcool ménager. Essuyez, laissez sécher et n'allumez pas avant que l'ampoule ne soit complètement sèche.

IMPERMÉABILISER LES TOMMETTES

Une fois par an, un traitement à l'huile de lin, sur les tommettes, imperméabilise le sol tout en évitant l'emploi de produits nocifs. Après nettoyage et séchage, appliquez de l'huile de lin avec un pinceau large. Laissez pénétrer toute la nuit et recommencez l'opération. Faites ensuite briller les tommettes avec un chiffon sec.

ENTRETIEN DES TOMMETTES

La terre cuite, poreuse, demande un entretien régulier avec de l'huile de lin et du savon noir (1 bouchon de chaque pour 1 seau d'eau chaude).

MA GRAND-MÈRE M'A DIT…

« À la campagne, on a souvent ***des traces de mouches*** *sur les luminaires, les céramiques, etc. Pour les retirer, récupérez l'eau dans laquelle vous avez fait cuire des oignons et frottez doucement les taches avec ce produit naturel. »*

SOL CARRELÉ

L'entretien courant des sols carrelés se fait avec de l'eau et du savon noir (1 à 2 bouchons pour un seau d'eau). Si le carrelage est collant, rincez-le avec de l'eau additionnée de vinaigre blanc (1 verre dans un seau).

SOL CARRELÉ TRÈS SALE

Pour nettoyer un carrelage très encrassé, utilisez l'eau de cuisson des pommes de terre. Versez-la très chaude sur le carrelage. Frottez avec une brosse de chiendent. Laissez agir 10 minutes, le temps que l'amidon des pommes de terre absorbe graisses et salissures. Essuyez le carrelage avec une serpillière, puis rincez abondamment. Laissez sécher.

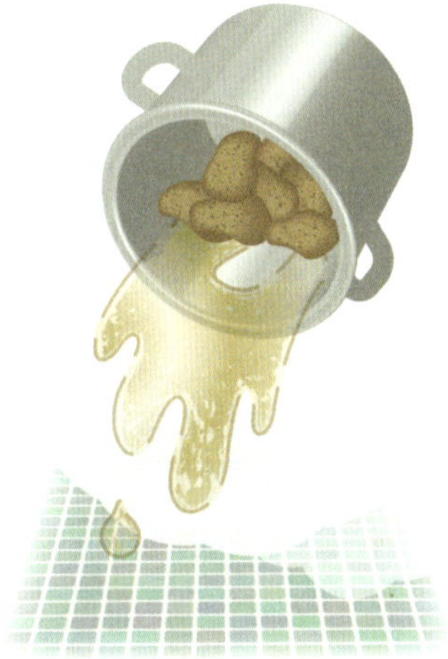

MA RECETTE À MOI

DÉSODORISANT AUX AGRUMES

Ingrédients *: 15 gouttes d'huile essentielle d'orange douce, 15 gouttes d'huile essentielle de citron, 10 de menthe poivrée, 10 de thym, 10 de romarin, 2 cuillerées à soupe d'alcool blanc, 100 ml d'eau.*

- ***Versez les huiles essentielles dans un vaporisateur.***
- ***Ajoutez 2 cuillerées à soupe d'alcool blanc (par exemple de la vodka) et complétez avec l'eau.***

Agitez avant de vaporiser.

ASSAINIR L'AIR DE LA MAISON

À doses égales, mettez dans le diffuseur d'huiles essentielles de l'huile essentielle de citron, de *Ravintsara* et d'*Eucalyptus radiata*.

ENLEVER LA POUSSIÈRE

Sur le buffet de l'entrée où vous déposez vos clefs, le courrier, les lunettes de soleil, etc. la poussière se dépose... Un simple chiffon humide retiendra la poussière. Si le meuble est en bois, utilisez un chiffon microfibre.

BON PLAN !

LE CHIFFON MICROFIBRE

Une « lingette microfibre » est une lingette réutilisable fabriquée en fibres synthétiques (polyamides, polyester), dont le diamètre est inférieur à 9 micromètres.
Les chiffons agrippent la saleté sur toutes les surfaces grâce à la force électrostatique des microfibres.
La poussière, attirée par le chiffon, est emprisonnée et ne se déplace plus dans la pièce.

Utilisés humides ou secs, selon l'usage que l'on souhaite en faire (par exemple sec pour la poussière, humide pour décoller la saleté ou faire les vitres), sans produit détergent – l'eau suffit –, les chiffons microfibres peuvent être lavés en machine jusqu'à 600 fois, sans adoucissant car ils perdraient leur électricité statique. Très absorbants, ils sèchent rapidement et ne laissent pas de traces.

DANS LA SALLE DE SÉJOUR

Coin détente ou coin lecture, la pièce à vivre où la famille et les amis se retrouvent est un lieu convivial, chaleureux. Mais, dans ce lieu où vous passez beaucoup de temps, Bébé se traîne par terre sur le tapis, les invités entrent avec leurs chaussures, le chat se prélasse sur le canapé… Vite ! un coup de propre !

POUDRE NETTOYANTE

Pour nettoyer moquettes et tapis, préparez ce mélange odorant et naturel : 300 g de bicarbonate de soude, 6 ml d'huile essentielle de citron, 5 ml d'huile essentielle d'orange, 4 ml d'huile essentielle de cannelle. Mélangez tous les ingrédients, laissez reposer 24 h. Le lendemain, saupoudrez moquettes et tapis avec cette poudre nettoyante, laissez agir 15 min puis passez l'aspirateur !

APRÈS UNE FÊTE…

Vos invités ont fumé et l'odeur s'est infiltrée dans les tapis et les rideaux. Pour faire partir ce désagréable parfum de tabac froid, mélangez 10 gouttes d'huile essentielle de romarin, 6 de pin et 4 de thym dans 100 ml d'eau. Mélangez bien et vaporisez dans la pièce en insistant autour des textiles qui retiennent les odeurs.

MA RECETTE À MOI

SHAMPOOING POUR MOQUETTE

Ingrédients : *2 cuillerées à soupe de savon de Marseille liquide, 250 ml d'eau chaude, 30 ml de vinaigre blanc, 5 gouttes d'huile essentielle de lavande, 3 de citron et 2 de verveine.*

• Mélangez intimement le savon de Marseille liquide dans l'eau chaude. Ajoutez le vinaigre blanc et les huiles essentielles de lavande, citron et verveine.

• Humidifiez légèrement la moquette avec une éponge, frottez doucement avec une brosse. Laissez sécher puis passez l'aspirateur.

PLUS D'ODEUR !

Pour enlever les odeurs de renfermé ou de tabac, saupoudrez la moquette ou le tapis avec du bicarbonate de soude. Laissez agir pendant 1/4 d'heure puis passez l'aspirateur.

POUR OU CONTRE ?

LE NETTOYEUR-VAPEUR I

Muni d'un réservoir d'eau et d'une gamme d'accessoires comprenant serpillière, brosse à poil dur et/ou souple et autres embouts, le nettoyeur-vapeur ressemble à un aspirateur. Un puissant jet de vapeur sous pression, propulsée à une température extrêmement élevée (plus de 100 °C) s'échappe d'une buse. L'action conjuguée de la pression et de la chaleur décolle les salissures et fait éclater les molécules de graisse, qui sont alors recueillies par un tissu absorbant placé sur la buse.

- *Cet appareil nettoie sols, vitres, moquettes, tapis, terrasses, intérieurs de voiture, matelas, carrelages, W.-C., ainsi que les surfaces difficilement accessibles... Il peut également être utilisé pour décoller les papiers peints ou décrasser les fours. Il a comme principal intérêt de ne pas utiliser de détergents ni de produits de nettoyage et de tuer germes, bactéries et acariens.*
- *Si les performances du nettoyeur-vapeur sont intéressantes sur les sols carrelés, en plastique, les terrasses et les vitres, on doit l'utiliser avec précaution sur certaines matières.*

Assez cher à l'achat (les premiers prix sont inférieurs à 100 €, mais un nettoyeur-vapeur qui fait également aspirateur peut coûter plus de 1 500 €), il a ses fans et ses détracteurs. Beaucoup pensent qu'aspirateur et serpillière humide (sans produit nocif) sont tout aussi efficaces. À vous de juger...

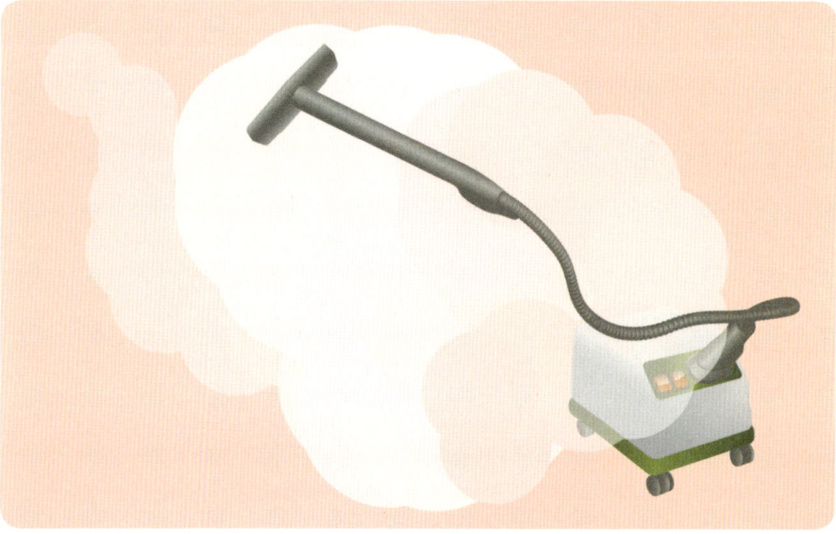

TACHE DE CAFÉ SUR LA MOQUETTE

Agissez très vite : appliquez sur la tache un papier absorbant. Tamponnez ensuite la tache (sans la frotter) avec un mélange, à parts égales, d'eau froide et de vinaigre blanc. Rincez à l'eau froide.

TACHE D'ENCRE SUR LA MOQUETTE

Les taches d'encre sont très difficiles à faire partir. Si la tache est fraîche, épongez au maximum avec un papier absorbant. Imbibez ensuite la tache avec du lait et du sel fin. Ou bien frottez avec du jus de citron.

TACHE DE GRAS SUR LA MOQUETTE

Saupoudrez rapidement de la terre de Sommières sur la tache. Laissez agir 1/2 heure, puis passez l'aspirateur.

BON PLAN !

L'EAU GAZEUSE

Voilà un excellent produit pour les taches sur tissus et moquettes (notamment pour les taches d'urine si votre compagnon à quatre pattes s'est oublié...). Riche en acide carbonique, l'eau gazeuse fait remonter à la surface les résidus que vous vous empresserez d'absorber avec un essuie-tout. Mélangée à du vinaigre d'alcool qui désodorise et désinfecte (1/4 vinaigre, 3/4 eau gazeuse), tapis et moquettes seront impeccables.

TACHE ACIDE SUR LA MOQUETTE

Versez un peu d'eau gazeuse sur la tache provoquée par du jus de fruits ou de légumes et laissez agir 15 min. Absorbez ensuite avec un essuie-tout.

NETTOYAGE À SEC MAISON !

Pour raviver la couleur des tapis, saupoudrez-les avec une bonne épaisseur de sel de mer (fin ou gros). Roulez le tapis sur lui-même, très serré. Au bout de trois jours, déroulez le tapis, secouez-le, passez l'aspirateur.

DÉPOUSSIÉRER LES MEUBLES

Avec un chiffon, appliquez un produit maison, composé à parts égales de glycérine et d'eau. Ou, sur le bois, passez juste le chiffon microfibre, sans aucun produit.

MA GRAND-MÈRE M'A DIT...

« Coupez un gros chou vert en deux puis passez-le sur toute la surface du ***tapis****. Lorsque le légume s'imprègne de saleté, coupez au couteau une nouvelle tranche et recommencez l'opération avec le légume propre.*
S'il neige, sortez vos tapis sur le balcon ou dans le jardin. Frottez-les avec une boule de neige. L'oxygène contenu dans la neige est un agent nettoyant efficace. »

CADRES EN BOIS DORÉ

Passez régulièrement le chiffon microfibre. Vous pouvez également lessiver délicatement avec une eau légèrement savonneuse en pénétrant bien dans les recoins du décor. Rincez et séchez aussitôt pour ne pas détremper la sous-couche.

AVANT D'ENCAUSTIQUER...

Avant de cirer les meubles en bois, enlevez la poussière accrochée dans les couches de cire ancienne en les frottant avec un mélange de bicarbonate de soude (20 g) délayé dans de l'eau (50 cl) et du vinaigre d'alcool (10 cl). Ce mélange est un peu effervescent. Laissez agir quelques minutes, puis essuyez à l'aide d'une éponge humide. Ce traitement ravive les meubles, leur donne un brillant plus beau et plus durable. Avec ce produit, vous pouvez également raviver la peinture des murs.

MA RECETTE À MOI

Encaustique pour bois

Ingrédients : 250 g de cire d'abeille, 1/2 litre d'essence de térébenthine, 60 g de savon de Marseille.

• *Avec un couteau, râpez la cire et le savon en copeaux. Faites dissoudre, en mélangeant avec l'essence de térébenthine.*

• *Versez la préparation dans une bouteille en verre bien étiquetée.*

Cette encaustique s'utilise pour tous les bois (parquets ou meubles). La présence du savon de Marseille a l'avantage de moins encrasser le bois.

VITRES TRÈS SALES

Cette méthode convient pour décrasser des vitres très sales. Nettoyez les vitres avec une éponge plongée dans de l'eau savonneuse (obtenue avec du savon liquide ou du produit vaisselle, pp. 37 et 38). Frottez bien les marques incrustées sur les vitres, profitez-en pour nettoyer également le cadre de la fenêtre. Puis, vaporisez de l'eau vinaigrée (1/2 eau, 1/2 vinaigre) sur les carreaux et essuyez-les avec un chiffon propre. Le rinçage au vinaigre permet d'éviter les traces sur les vitres.

MA GRAND-MÈRE M'A DIT...

*« Rien de mieux, pour **nettoyer ses vitres**, que de les frotter avec un papier journal imbibé d'eau mélangé avec du vinaigre d'alcool. Très absorbant, le papier journal ne peluche pas. Si les vitres sont salies par des taches grasses, frottez-les préalablement avec une tranche d'oignon. »*

VITRES PROPRES

Recette de base pour nettoyer ses vitres : faites un produit, à parts égales, de vinaigre blanc et d'eau. Autre recette : 90 % d'eau, 10 % d'alcool ménager et quelques gouttes de vinaigre blanc.

MA RECETTE À MOI

PRODUIT POUR LES VITRES

Ingrédients : *2 verres d'eau chaude, 1 cuillerée à café de savon de Marseille liquide, 1/4 de verre de vinaigre blanc, 6 gouttes d'huile essentielle de menthe poivrée.*

- ***Mélangez bien tous les ingrédients et versez le produit dans un vaporisateur.***
- ***Appliquez sur la vitre avec une éponge. Essuyez avec une raclette à vitre, puis passez un chiffon propre.***

Ce produit peut également s'employer pour nettoyer les miroirs.

POUSSIÈRES SUR CANAPÉ

Pour enlever aisément la poussière et les poils de chats qui adhèrent sur les canapés et les fauteuils recouverts de velours, passez une peau de chamois légèrement humide.

CANAPÉ EN CUIR

Le chiffon microfibre à peine humide suffit pour l'entretien régulier d'un fauteuil ou canapé en cuir.
Pour nettoyer, le lait de toilette de bébé fonctionne bien.
Pour nourrir en profondeur, appliquez avec un chiffon doux un mélange de vinaigre blanc (1/3) et d'huile d'olive (2/3). Avant d'appliquer cette solution, mélangez bien l'huile et le vinaigre.

MANTEAU DE CHEMINÉE EN BRIQUES

Passez d'abord l'aspirateur pour enlever les taches de suie sur les briques du manteau de la cheminée. Ensuite, lavez les taches restantes avec une brosse en chiendent imbibée d'eau tiède additionnée de bicarbonate de soude. Rincez.

DESSUS DE CHEMINÉE EN MARBRE

Sur un marbre taché, étendez une pâte fine composée de 1/3 de bicarbonate de soude, 2/3 de poudre de pierre ponce et d'un peu d'eau. Laissez sécher puis rincez avec une eau additionnée d'un peu de savon noir. Essuyez. Vous pouvez remplacer la poudre de pierre ponce par de la poudre de craie qui absorbera également les salissures.

VITRE DE L'INSERT

Appliquez une pâte épaisse faite avec de l'eau et du bicarbonate. Laissez agir quelques heures puis lavez-la à l'eau chaude vinaigrée et essuyez avec un chiffon sec. Si certaines taches résistent, renouvelez l'opération. Pour la nettoyer, vous pouvez également frotter la vitre de l'insert avec les cendres froides de la cheminée.

DANS LA CUISINE

Cœur de la maison, la cuisine exige une propreté impeccable. C'est l'un des lieux (avec la salle de bains) les plus favorables au développement de bactéries et toxines, responsables d'intoxications alimentaires. Soyez vigilants…

MA RECETTE À MOI

NETTOYANT POUR LE SOL

Ingrédients : *4 verres de vinaigre blanc, 2 verres de savon de Marseille liquide, 10 gouttes d'huile essentielle de tea tree (arbre à thé), 10 gouttes d'huile essentielle de citron, 10 gouttes d'huile essentielle de pamplemousse.*

- ***Dans un contenant en plastique (très important) préparez le produit en mélangeant tous les ingrédients.***
- ***Vous diluerez 1/2 verre de ce nettoyant pour sol dans un seau contenant 4 litres d'eau.***

MÉLANGE EFFERVESCENT !

Au contact du vinaigre blanc, le bicarbonate de soude produit du gaz (CO_2), ce qui n'est pas dangereux, juste surprenant si l'on n'est pas averti ! Si vous mélangez ces 2 produits dans une bouteille pour avoir de quoi nettoyer à l'avance, la bouteille va rapidement se remplir de gaz et… exploser si vous l'avez bouchée ! Ce produit, excellent nettoyant multi-usage, ne doit donc se préparer qu'au dernier moment. Vous pouvez cependant préparer la solution suivante sans risque : diluez 2 cuillerées à soupe de bicarbonate de soude dans 2 litres d'eau chaude. Ajoutez 1 verre de vinaigre puis 10 gouttes d'huile essentielle d'eucalyptus.

DEUX INDISPENSABLES

À la cuisine, ayez à portée de main un saupoudreur rempli de bicarbonate de soude et un vaporisateur plein de vinaigre blanc. Nettoyez régulièrement les plans de travail avec du bicarbonate sur chiffon humide et essuyez avec un autre chiffon imbibé d'un peu de vinaigre blanc.

BRÛLEURS ENCRASSÉS

Régulièrement, plongez vos brûleurs de cuisinière à gaz dans une bassine d'eau bouillante dans laquelle vous avez ajouté du vinaigre. Laissez tremper toute une nuit. Rincez avant de remettre en place.

NETTOYER LE FOUR À MICRO-ONDES

Mettez 1 cuillerée à soupe de bicarbonate de soude dans un bol à demi rempli d'eau. Placez le bol dans le four. Optez pour la température maximale pendant 3 minutes, puis essuyez les parois du four avec un linge humide. Vous pouvez aussi faire bouillir 1/4 de tasse de vinaigre et 1 tasse d'eau. Vous désodoriserez en même temps l'intérieur du micro-ondes.

PRODUIT MÉNAGER DE BASE

Pour nettoyer et dégraisser les plans de travail, la poubelle, etc., essayez ce produit à conserver dans un vaporisateur : 1/2 alcool ménager parfumé, 1/2 vinaigre blanc, 2 gouttes de produit vaisselle.

BON PLAN !

BROSSES À DENTS RECYCLÉES

Ne jetez pas tout de suite vos vieilles brosses à dents ! Elles vous seront bien utiles pour nettoyer les endroits difficiles à atteindre (par exemple derrière les ***robinetteries****).*

NETTOYER LE FOUR

Vous voulez nettoyer votre four ? Faites une pâte assez épaisse avec de l'eau et du bicarbonate de soude. Appliquez-la sur les parois du four et laissez agir plusieurs heures (une nuit est l'idéal). Le lendemain, frottez avec une éponge imbibée de vinaigre. Rincez à l'eau.

MA RECETTE À MOI

DÉSODORISANT POUR LA CUISINE

Ingrédients *: 1 cuillerée à café de bicarbonate de soude, 1 verre d'eau chaude, 1/2 citron, 20 gouttes d'huile essentielle de citron.*

• Faites dissoudre le bicarbonate de soude dans l'eau chaude.
• Ajoutez le jus d'un demi-citron pressé et l'huile essentielle de citron.
• Mélangez bien, filtrez. Versez dans un vaporisateur. Vous vaporiserez pour éliminer les odeurs qui restent après avoir pris un repas.

MURS DE CUISINE

Projections de graisses ou d'autres nourritures salissent vite les murs de la cuisine. Passez quotidiennement une éponge imbibée de vinaigre d'alcool (1/3) et d'eau (2/3) sur les murs. Vous pouvez ajouter quelques gouttes d'huile essentielle de lavande pour désinfecter.

MURS SALIS

Pour enlever les taches sur les murs, préparez une pâte avec 3 cuillerées à café de fécule de maïs et 1 cuillerée à café d'eau. Avec un linge humide, frottez cette pâte sur les endroits tachés.

MA GRAND-MÈRE M'A DIT...

*« **Le marc de café** dégraisse très bien. Vous pouvez en ajouter à votre liquide vaisselle pour décaper vos plats. Pour récurer les poêles à frire, utilisez du gros sel et du papier journal. »*

ÉVIERS ET CUISINIÈRES EN INOX

Pour nettoyer sans rayer les éviers et les cuisinières en inox, mélangez du vinaigre blanc et de l'argile blanche afin d'obtenir une pâte assez liquide. Frottez et rincez bien avec une éponge. Essuyez.

LE SAVON DE MARSEILLE

Le terme « savon de Marseille » n'est pas une appellation ; il désigne une méthode de fabrication et indique que 72 % de matière grasse entrent dans sa composition. Aujourd'hui fabriqué de manière artisanale ou industrielle, il recouvre bien des réalités différentes. Tous les savons de Marseille ne contiennent pas forcément de l'huile d'olive... et ne sont pas, pour le plus grand nombre, fabriqués à Marseille !

LE SAVON ARTISANAL

Biodégradable à 100 %, il ne contient ni colorant ni parfum ni adjuvant de synthèse.

• Le savon de Marseille artisanal à l'huile d'olive (de couleur vert-marron) est composé d'huile d'olive, d'huile de coprah et d'huile de palme.

• Le savon blanc de Marseille artisanal est composé d'huile d'arachide, d'huile de coprah et d'huile de palme.

LE SAVON INDUSTRIEL

Vendu en grandes surfaces, il contient différentes matières grasses (principalement animales) ainsi que des additifs conservateurs, colorants, anticalcaires, parfums de synthèse, etc. Méfiez-vous donc et lisez bien les étiquettes ! Beaucoup de marques de produits d'entretien jouent sur l'image de simplicité, de naturel et de propreté qu'évoque le savon de Marseille mais n'ont vraiment rien à voir avec le savon de Marseille ! C'est juste un argument marketing.

L'HUILE DE PALME

Le savon de Marseille artisanal est composé d'un mélange d'huiles, de provenance locale ou non, dont la fameuse huile de palme, qui fait débat. Cette huile végétale, la plus consommée au monde, a un très faible coût de production, d'où la culture intensive du palmier à huile dont elle est extraite.
L'explosion de la demande pour satisfaire la consommation mondiale entraîne la déforestation massive de forêts primaires tropicales et la disparition d'un écosystème extrêmement riche.

SAVON DE MARSEILLE ET SAVON DE CASTILLE

Il existe un autre savon très intéressant pour notre ménage au naturel, mais il est difficile à trouver en France : c'est le savon de Castille, traditionnellement composé à 100 % d'huile d'olive. Là encore, méfiance ! Sur différents sites Internet (la plupart américains), on trouve des savons de Castille composés d'autres huiles (jojoba, coco, tournesol, etc.). Au cours de ma recherche, j'ai trouvé très peu de sites proposant un savon de Castille 100 % huile d'olive.

NETTOYER LA POUBELLE

Mélangez vinaigre blanc (1/2) et eau (1/2). Faites chauffer. Ajoutez 5 gouttes d'huile essentielle d'arbre à thé. Frottez les parois de votre poubelle (intérieur et extérieur) avec une éponge imprégnée de cette solution. Rincez et essuyez.

SUS AUX MAUVAISES ODEURS !

Versez 2 cuillerées à soupe de bicarbonate de soude au fond de la poubelle. Vous pouvez également mettre le bicarbonate directement dans le sac, au fur et à mesure que celui-ci se remplit.

BON PLAN !

SAVON NOIR NETTOIE-TOUT

Le savon noir ménager (à ne pas confondre avec le savon noir de hammam, confectionné avec de l'huile d'olive) est fabriqué à base d'eau, de potasse et de corps gras (huile de lin, d'olive, de noix, de maïs, etc.). C'est un excellent nettoyant, dégraissant et détachant, parfait pour tout type de surface : carrelages, linos, céramiques, marbres, béton, peintures, sanitaires, fours, mosaïques, vitres, etc. Le savon noir fait briller, assainit et se montre un excellent répulsif (araignées, pucerons...). Très concentré, il s'utilise, pour laver les sols, à raison de 1/2 bouchon dans un seau d'eau tiède. Ajoutez quelques gouttes de vinaigre blanc. Inutile de rincer.

ODEURS DE PROPRE

Désodorisez le réfrigérateur, le four et les poubelles à l'aide de bicarbonate de soude saupoudré sur une éponge humide. Rincez à l'eau claire. Pour les siphons, versez 8 gouttes d'huile essentielle de pin sylvestre, de ravensare aromatique ou d'eucalyptus. Attendez le plus longtemps possible avant de faire couler l'eau.

COMMENT DÉBOUCHER LES CANALISATIONS ?

Les déboucheurs chimiques, souvent formulés à base de soude caustique ou d'acide sulfurique, sont agressifs et dangereux.

• Pour déboucher une canalisation, essayez tout d'abord de verser une casserole d'eau bouillante dans l'évier.

• Pour attraper les bouchons, vous pouvez également vous servir d'un furet, longue tige souple terminée par des pointes. Enfoncez-le dans les canalisations jusqu'à atteindre le bouchon qu'il va désagréger. Si vous n'avez pas de furet, fabriquez-en un en désenroulant un cintre métallique.

• Une ventouse permet de déboucher les canalisations en aspirant le bouchon. Bouchez toutes les ouvertures, sauf le siphon sur lequel vous appliquerez la ventouse.

• Pensez aussi à dévisser le tuyau situé sous l'évier pour retirer les saletés accumulées.

• Le carbonate (cristaux de soude) peut déboucher les canalisations. La recette : la valeur de 2 cuillerées à soupe du produit, un verre de vinaigre blanc, une casserole d'eau bouillante, et une ventouse. Là aussi, le mélange cristaux de soude + vinaigre va dégager du gaz carbonique. Ce n'est pas toxique. Attention en manipulant les cristaux de soude qui peuvent être irritants pour certaines personnes. Protégez-vous avec des gants.

BON PLAN !

NETTOYANT MULTISURFACE

*La **pierre d'argile** (appelée aussi pierre d'argent) est un nettoyant naturel multisurface écologique qui remplace un grand nombre de produits ménagers. Elle nettoie, protège, polit et dégraisse. Son emploi est idéal pour le matériel de cuisine, la salle de bains, l'inox, la vitrocéramique, l'émail, le PVC, les surfaces vitrées, les plastiques, l'acrylique, le carrelage, le linoléum, le marbre, l'aluminium, les éviers, la semelle du fer à repasser, les inserts de cheminées... Elle enlève toutes les saletés et les graisses cuites, se montre efficace contre les traces d'eau et le tartre, nettoie les métaux et ne raye pas les surfaces vitrées. Les huiles essentielles présentes dans le produit protègent les surfaces et les font briller.*

Vous pouvez l'acheter dans le commerce (magasins bio) ou bien la préparer vous-même (voir p. 34).

UNE DOSE DE BON SENS !

Une grille ou crépine posée sur le trou de l'évier retient toutes les saletés susceptibles de le boucher. Pensez à vider complètement les assiettes dans la poubelle avant de les laver dans l'évier... ou de les mettre dans le lave-vaisselle. Frottez-les avec du vieux papier journal comme si c'était un chiffon par exemple.

ÉCONOMIE À PROUVER

Le cycle de lavage normal d'un lave-vaisselle consomme aujourd'hui environ 12 à 15 litres d'eau. Si vous lavez la vaisselle à la main, vous utiliserez de 20 à 40 litres d'eau. *A priori*, il n'y a donc pas d'hésitation : un lave-vaisselle est plus économique et écologique qu'une vaisselle faite à la main. Cependant, si l'on vante les économies d'eau dues au lave-vaisselle, on ne dispose pas d'études de comportement qui permettraient de les quantifier.
On sait par ailleurs que certains consommateurs passent assiettes et plats sous le robinet (parfois même sous l'eau chaude) avant de les placer dans l'appareil. Et que d'autres font tourner le lave-vaisselle avant que celui-ci soit plein... Comme vous le voyez, l'économie réalisée dépend de la façon dont on utilise le lave-vaisselle et des performances de l'appareil choisi (consommations en eau, en électricité et en produits).

MA RECETTE À MOI

PIERRE D'ARGILE AU CITRON

Ingrédients : *50 ml de savon de Marseille liquide, 100 g d'argile blanche en poudre, 1 cuillerée à soupe de bicarbonate de soude, 25 gouttes d'huile essentielle de citron et 10 gouttes de tea tree.*

• Mélangez bien les ingrédients avec une petite cuillère en bois.
• Versez votre préparation dans un pot à confiture, laissez sécher une semaine sans mettre le couvercle pour que la pâte durcisse.
Vous utiliserez la pierre d'argile avec une éponge mouillée et rincerez ensuite à l'eau claire.

LES TROIS PRODUITS DU LAVE-VAISSELLE

Les produits utilisés dans le lave-vaisselle doivent, par une action chimique, remplacer l'action mécanique de votre bras faisant la vaisselle. Cette action, assez puissante, nécessite des produits complexes et polluants. Cependant certains produits sont moins nocifs pour l'environnement que d'autres.
• Le détergent dégraisse et détache. Choisissez un produit concentré, sans phosphate, sans polycarboxylate, sans phosphonate et sans blanchissant chloré. Les tablettes représentent la meilleure solution.
• Le liquide de rinçage favorise le séchage de la vaisselle et la fait briller.

Ce produit contient des tensioactifs, de l'acide et de l'alcool. Choisissez un produit avec des tensioactifs d'origine végétale. Vous pouvez éviter l'emploi du produit de rinçage. Dans ce cas, entrouvrez la machine pour favoriser le séchage de la vaisselle et essuyez-la si elle reste mouillée.

• **Le sel régénérant recharge le système anticalcaire.** Le sel évite les pellicules blanches qui se déposent sur la vaisselle et en particulier sur les verres. Après chaque vaisselle, le sel régénère les résines échangeuses d'ions de l'adoucisseur d'eau qui se trouve intégré à votre lave-vaisselle. N'utilisez pas de gros sel à la place du sel régénérant : il sert à protéger les résines qui purifient l'eau, et, une fois ces résines dégradées, le lave-vaisselle est bon à changer...

BIEN UTILISER SON LAVE-VAISSELLE

• **Avant de ranger** la vaisselle dans l'appareil, retirez le gros des salissures (avec un essuie-tout, une feuille de papier journal ou une éponge humide) pour éviter d'encrasser le filtre.

• La vaisselle doit être placée de façon à **ne pas entraver** le mouvement des bras d'arrosage.

• Mettez toujours en marche un lave-vaisselle **plein**. C'est plus rentable et plus écologique que de l'utiliser à moitié rempli.

• Approvisionnez régulièrement les réservoirs en **liquide de rinçage** et en sel.

• Ne lavez pas ensemble **l'argenterie et l'inox**.

• **Faites tourner le lave-vaisselle vide**, une ou deux fois par an, avec une dose de produit d'entretien (ou du bicarbonate de soude).

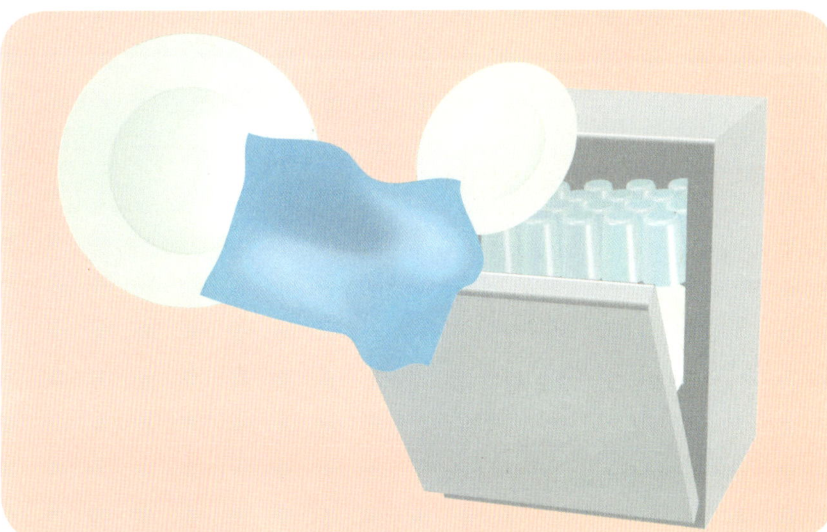

CRISTAUX DE SOUDE ET SOUDE CAUSTIQUE

Ne confondez pas soude caustique et cristaux de soude. Ces deux solutions n'ont pas la même formule chimique (NaOH pour la soude caustique, Na_2CO_3 pour les cristaux de soude).

- **La soude caustique** *est un produit irritant et corrosif pour la peau, les yeux, les voies respiratoires et digestives, que l'on trouve dans le commerce comme déboucheur de canalisation. Elle réagit violemment avec l'eau, provoquant parfois des éclaboussures dangereuses. Elle doit être manipulée avec des gants, des lunettes et une protection pour les voies respiratoires. Elle est nocive pour l'environnement, car elle augmente le pH des cours d'eau, s'infiltre dans les nappes phréatiques, menaçant la faune et la flore aquatique.*
- **Les cristaux de soude**, *appelés carbonate de soude, ne sont pas toxiques pour l'environnement mais ne sont pas biodégradables. Dégraissants et désinfectants, ils sont utilisés comme nettoyant à la maison, dans certains produits de soin corporel, dans les lessives et comme déboucheurs de canalisation.*
Ces cristaux peuvent être irritants pour les peaux sensibles. Mieux vaut les manipuler avec des gants.

ENTRETIEN MENSUEL

Une fois par mois, vous pourrez vous économiser un gros entartrage du lave-vaisselle en y versant un litre de vinaigre blanc et en le faisant tourner à vide. Le principe actif du vinaigre, l'acide acétique, dissout les dépôts de minéraux, élimine le gras et les résidus de savon.

UN PRODUIT MAISON

Les lave-vaisselle sont des machines complexes et il ne faut pas y mettre n'importe quel produit sous peine d'abîmer, d'encrasser, voire de casser le mécanisme. C'est pourquoi, je ne vous donne pas de recette de produit à faire vous-même. Il est préférable d'acheter un produit du commerce possédant un label écologique. Simple conseil : vous pouvez mettre une demi-pastille dans le bac du lave-vaisselle, accompagnée d'une cuillerée de bicarbonate de soude pour le lavage et, une fois sur deux, remplacer le liquide de rinçage par du vinaigre blanc.

QUEL PRODUIT VAISSELLE ACHETER ?

• Les liquides pour la vaisselle portant la mention « antibactériens » n'ont pas d'action plus efficace que les autres. De plus, ils n'éliminent qu'une partie des bactéries, celles qui restent ne mettant que quelques instants à se multiplier pour être aussi nombreuses qu'au départ ! Par ailleurs, il ne sert à rien de désinfecter la vaisselle pour l'essuyer ensuite avec un torchon qui n'est pas stérile ! L'autre inconvénient des agents antibactériens est qu'ils favorisent le maintien des bactéries plus résistantes.

• On peut trouver dans les magasins biologiques des liquides vaisselle à base de tensioactifs végétaux (moins nocifs pour l'environnement) et, en grande surface, des produits possédant un label écologique (moins polluants que leurs concurrents). Pour prolonger la durée de vie d'un liquide vaisselle, on peut le couper avec de l'eau.

PRODUIT VAISSELLE MAISON

Vous ne savez que faire de vos bouts de savon ? Râpez-les, diluez ensuite dans une bouteille d'eau, ajoutez 2 cuillerées à soupe de vinaigre blanc et une dizaine de gouttes d'huile essentielle de menthe ou de citron, qui sont bactéricides. Vous obtenez un produit vaisselle économique.

MARQUER LES VERRES

Vous avez remarqué le nombre de verres sales qui s'entassent dans le lave-vaisselle ? On ne se souvient plus du verre ou de la tasse utilisés et l'on en sort un autre du placard. Pour éviter cette inflation de vaisselle à laver, il suffit de marquer chaque verre et de s'en servir toute la journée. Investissez dans des marque-verres (certains sont très bon marché et dureront des années). À la fin de la journée, lavez le verre car les bactéries se développent même si vous ne les voyez pas...

MA RECETTE À MOI

PRODUIT VAISSELLE AU PAMPLEMOUSSE

Ingrédients *: 5 cuillerées à soupe de savon noir liquide, 1 cuil. à soupe de bicarbonate de soude, 25 cl d'eau, 15 gouttes d'huile essentielle de pamplemousse, 5 gouttes d'huile essentielle de citron.*

- ***Mélangez le savon noir et le bicarbonate de soude.***
- ***Ajoutez l'eau.***
- ***Versez les huiles essentielles. Agitez avant de vous servir de votre liquide vaisselle.***

MOINS DE LIQUIDE VAISSELLE

Les cristaux de soude nettoient la saleté et la graisse et adoucissent l'eau. Un peu de cristaux de soude ajoutés dans l'eau de la vaisselle que vous faites à la main permet de réduire la consommation de liquide vaisselle. Mettez des gants.

NETTOYER LE MIXEUR

C'est parfois une vraie galère de nettoyer le robot ! Pour un nettoyage minute, remplissez le récipient à moitié de sa hauteur avec de l'eau chaude en ajoutant quelques gouttes de produit à vaisselle. Couvrez le récipient et actionnez le mixeur pendant quelques secondes. Il vous suffira ensuite de rincer et de sécher le récipient.

CONTRE LES FOURMIS

Les fourmis n'apprécient ni la menthe ni la lavande. Dans un vaporisateur, mélangez 5 gouttes d'huile essentielle de lavande et 10 gouttes d'huile essentielle de menthe poivrée avec un quart de litre d'alcool à 40°. Pulvérisez plusieurs fois par jour sur le passage des fourmis.

DÉTARTRAGE DE LA BOUILLOIRE

Quand la bouilloire est couverte de calcaire, il est temps d'agir ! Faites dissoudre 1 à 2 cuillerées à soupe d'acide citrique dans 1 litre d'eau, remplissez la bouilloire et portez à ébullition. Éteignez le feu, mais laissez agir 30 min. Rincez ensuite soigneusement à l'eau.

MA GRAND-MÈRE M'A DIT...

***« Pour éloigner les fourmis,** cueillez 10 feuilles de noyer. Laissez bouillir les feuilles dans 1 l d'eau pendant 30 min. Faites refroidir, filtrez la décoction avec une mousseline et mettez-la dans une bouteille. Vous appliquerez cette décoction de feuilles de noyer au pinceau sur le passage des fourmis. »*

NETTOYER LA CAFETIÈRE ÉLECTRIQUE

Deux ou trois fois par an, détartrez votre cafetière électrique. Versez 250 ml de vinaigre d'alcool dans le réservoir de la cafetière et faites-la fonctionner. Rincez plusieurs fois en recommençant le cycle, en ayant rempli uniquement avec de l'eau pour bien enlever le goût du vinaigre.

DANS L'OFFICE

Autrefois, l'office était une petite pièce bien commode, voisine de la cuisine, qui servait à la desserte de la table et de lieu où ranger vaisselle et argenterie. C'est là où l'on entretenait également toute la batterie de cuisine.

ARGENTERIE ET POMME DE TERRE !

Pour nettoyer l'argenterie sans produit chimique, frottez vos couverts et objets avec des morceaux de pommes de terre cuite. Laissez-les tremper quelques instants dans l'eau de cuisson de ces pommes de terre (épluchées) et rincez à l'eau claire.

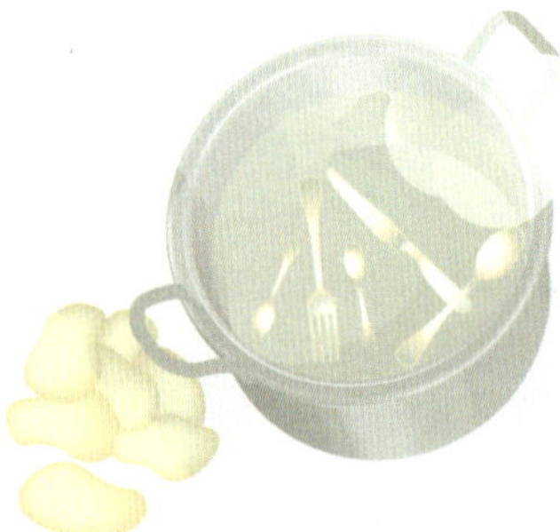

NETTOYER L'ARGENTERIE

Au fond d'une cuvette en plastique, posez une feuille de papier d'aluminium, versez de l'eau chaude ainsi que 3 cuillerées à soupe de bicarbonate de soude. Immergez vos couverts en argent (ou autres objets) pendant quelques minutes. Frottez légèrement. Lavez ensuite à l'eau savonneuse, rincez, séchez, puis lustrez avec un chiffon doux. Par transfert de l'oxydation, l'oxyde de l'argenterie se déposera sur l'aluminium (qui deviendra de plus en plus noir).

MA RECETTE À MOI

PÂTE À ARGENTERIE

Ingrédients : 1 cuillerée à soupe de blanc d'Espagne, 2 cuillerées. d'alcool ménager.

- ***Préparez une pâte composée de très peu d'eau et du blanc d'Espagne (appelé aussi blanc de Meudon).***
- ***À l'aide d'une vieille brosse à dents, nettoyez en insistant sur les parties oxydées. Le polissage léger retire la couleur d'oxydation ainsi que les petites salissures.***
- ***Rincez impeccablement les objets.***
- ***Lavez à l'éponge non grattante avec du liquide vaisselle pour assurer la brillance et séchez bien.***

NETTOYER L'ACIER INOXYDABLE

Voici deux façons de nettoyer l'acier inoxydable : soit avec un chiffon imprégné d'huile de table et de cendres de bois, soit avec une pâte composée d'eau et de bicarbonate de soude. Rincez à l'eau claire et polissez avec une peau de chamois.

NETTOYER LE BRONZE

Pour redonner de l'éclat à un objet en bronze terni, frottez-le avec une brosse à dents imbibée de jus de citron. Pour enlever le vert-de-gris sur le bronze doré, frottez avec un chiffon ou une vieille brosse à dents imprégnée de vinaigre chaud additionné de gros sel.

NETTOYER LE CUIVRE

Pour faire briller une casserole en cuivre, appliquez du jus de citron et frottez avec du papier journal. Vous pouvez également frotter avec un chiffon imbibé de vinaigre d'alcool chaud ou bien laisser tremper la casserole (ou l'objet) dans une bassine remplie d'eau chaude vinaigrée et la frotter avec un chiffon sur lequel vous aurez saupoudré du sel. Cette méthode est efficace sur les taches. Rincez ensuite l'objet avant de le laver à l'eau savonneuse et de le rincer. Lorsqu'il est sec, polissez-le avec un chiffon propre.

FAIRE LES CUIVRES AU SAVON NOIR

Versez 3 ou 4 cuillerées à soupe de savon noir dans un récipient d'eau chaude. Laissez-y tremper vos objets en cuivre pendant 5 à 10 min. Il ne vous reste plus qu'à les essuyer : vos cuivres ressortiront propres et brillants !

PÂTE POUR CUIVRE ET LAITON

Préparez une pâte composée de 1 cuillerée à soupe de farine, 1 cuillerée à soupe de sel fin et 1 cuillerée à soupe de vinaigre blanc. Frottez les objets en cuivre ou en laiton. Rincez à l'eau chaude et essuyez avec un chiffon.

MA GRAND-MÈRE M'A DIT...

« Autrefois, on nettoyait ***l'étain ancien*** *avec quelques feuilles de poireaux trempées dans de la cendre.*
Ce truc de bonne femme nettoie parfaitement et restitue à l'objet toute sa matité.
Ne jetez plus l'eau de cuisson des épinards ou de l'oseille : trempez-y votre ***argenterie.***
Il ne vous restera plus qu'à l'essuyer pour la faire briller. »

NETTOYER LES VERRES

Les pelures de pommes de terre sont parfaites pour l'entretien des cristaux et des verreries. Laissez reposer pendant quelques heures des pelures dans l'eau et plongez-y les objets. Ils retrouveront tout leur éclat.

DÉTARTRER LA CARAFE

Remplissez la carafe avec de l'eau fortement vinaigrée. Laissez tremper plusieurs heures. Frottez avec une éponge et rincez bien. S'il reste encore des traces blanchâtres, faites chauffer le vinaigre et versez-le dans la carafe.

COUVERTS ANCIENS

Les couverts à manche de corne, de nacre ou de bois ne passent pas à la machine. Frottez de temps en temps les manches avec un chiffon légèrement imprégné d'huile d'olive pour entretenir leur brillance.

BATTERIE DE CUISINE

Pour enlever à une poêle l'odeur du poisson, faites-y chauffer des feuilles de thé déjà infusées et humides.

FOND DE CASSEROLE

Pour nettoyer plus facilement le fond d'une casserole ou d'une marmite où des aliments ont accroché, remplissez-le d'eau bouillante et ajoutez 4 cuillerées à café de bicarbonate de soude. Laissez agir pendant une heure avant de laver.

CASSEROLES EN INOX BRÛLÉES

Pour nettoyer les fonds de casseroles ou de poêles en inox qui ont brûlé, faites dissoudre 2 cuillerées à soupe d'acide citrique dans 1 tasse d'eau, laissez chauffer quelques minutes la solution dans la casserole brûlée, puis rincez bien.

CASSEROLES EN INOX RAJEUNIES

Si vos casseroles en inox ternissent avec le temps, faites une pâte effervescente à base de bicarbonate de soude (2 cuillerées à soupe) et de vinaigre d'alcool blanc (1 cuillerée à soupe). Appliquez cette pâte pendant 30 min puis frottez les casseroles et rincez soigneusement.

COUTEAUX ROUILLÉS

Si la lame de certains couteaux présente des taches de rouille, frottez celle-ci avec un oignon coupé en deux.

DANS LA CHAMBRE

Nous y passons en moyenne huit heures par jour, soit près du tiers de notre vie. Théâtre de nos nuits, la chambre doit inspirer le bien-être et favoriser le sommeil réparateur. Ordre et propreté apporteront l'apaisement nécessaire au sommeil.

RÉPULSIF CONTRE LES MOUSTIQUES

Les moustiques apprécient peu les plantes très odorantes. Parmi celles-ci, citons le basilic, le géranium, la lavande, la citronnelle. Ayez le bon réflexe (fermer la fenêtre avant d'allumer la lumière) et vaporisez un peu d'huile essentielle quelques heures avant de vous coucher.

MA RECETTE À MOI

INSECTICIDE MAISON

Ingrédients *: 10 gouttes d'huile essentielle de bois de cèdre, 8 gouttes d'huile essentielle de citronnelle, 7 gouttes d'huile essentielle de lavande, 5 de géranium, 1 cuillerée à soupe d'alcool blanc, 50 ml d'eau.*

- ***Dans un vaporisateur, versez les huiles essentielles.***
- ***Ajoutez 1 cuillerée à soupe d'alcool blanc (type vodka) et complétez avec l'eau.***
- ***Agitez bien avant de vaporiser.***

CONTRE LES MITES

Dans l'armoire ou la commode, ajoutez quelques gouttes d'huile essentielle de cyprès et de lavande sur un morceau de bois de cèdre ou un galet placé à côté des vêtements.

SACHETS DE LAVANDE

La lavande est la plus connue des plantes antimites. Mettez des petits sachets dans vos armoires pour dissuader les mites d'y venir.

CHAMBRE DE MALADE

Votre enfant a été malade ? L'huile essentielle de citron permet d'assainir naturellement et rapidement l'atmosphère de la maison, et notamment de la chambre, en période de maladie contagieuse. Placez une coupelle sur un radiateur avec quelques gouttes, ou bien, avec le diffuseur d'arôme, faites 2 diffusions par jour, par tranche de 15 minutes.

CONTRE LES ACARIENS

Ils pullulent dans les maisons, surtout dans les moquettes, tapis, matelas, tissus et sont responsables de nombreuses allergies. Vous pouvez lutter contre eux avec des huiles essentielles. Versez dans un vaporisateur un flacon d'alcool à 70°, ajoutez 15 gouttes de chacune des huiles essentielles suivantes : pin sylvestre, citron, thym, lavande officinale, eucalyptus, cannelle, arbre à thé, giroflier, genévrier. Fermez la fenêtre et vaporisez dans la pièce en insistant sur les tapis et le matelas. Fermez également la porte pendant une bonne heure. Vous pourrez ensuite passer l'aspirateur partout, sans oublier sommier et matelas. Et ouvrir la fenêtre !

VOILAGES SANS POUSSIÈRE

Pour détacher facilement la poussière des voilages, il suffit de tremper les voilages (ou les rideaux lavables) dans de l'eau froide légèrement salée.

BLANCHIR LES VOILAGES

Après le lavage, faites tremper vos voilages quelques heures dans une bassine d'eau tiède contenant 250 g de bicarbonate de soude.

BONNE ODEUR DES PLACARDS

Dans les armoires, placards et commodes où vous rangez vos vêtements, si vous reniflez une mauvaise odeur, voire une odeur de moisi (ce qui arrive souvent dans les maisons de vacances), préparez le petit mélange suivant à mettre dans une coupelle : 2 cuillerées à soupe d'argile blanche, 1 cuillerée à soupe de bicarbonate de soude, 5 gouttes d'huile essentielle de romarin, 5 gouttes d'huile essentielle d'orange douce, 3 gouttes d'huile essentielle d'arbre à thé (*tea tree*).

LAMPE DE CHEVET

Votre lampe possède un abat-jour en tissu ? Pour le nettoyer, retirez-le de la lampe, saupoudrez-le de bicarbonate de soude, laissez agir pendant une ou deux heures puis brossez.

NETTOYER LES MEUBLES EN BOIS

Vous pouvez nettoyer vos meubles en bois avec un chiffon doux imprégné de thé froid. Si vous avez fait une tache de café sur un meuble en bois, frottez avec un coton imprégné d'eau oxygénée. Ensuite, vous devrez cirer à nouveau votre meuble.

MA RECETTE À MOI

Huile de beauté pour meuble

***Ingrédients** : 1 verre d'huile d'olive, 1 citron, 10 gouttes d'huile essentielle de citron.*

- ***Pressez le citron. Récoltez le jus et mélangez-le à l'huile d'olive.***
- ***Ajoutez l'huile essentielle de citron.***

Pour entretenir vos meubles en bois, passez un chiffon doux imprégné d'un peu de ce produit.

LAVER UN MEUBLE EN BOIS BLANC

Un meuble en bois blanc est un meuble en bois non traité et non peint. Particulièrement fragile (toute tache est absorbée dans ses fibres), le bois blanc se nettoie, après avoir enlevé la poussière, avec une éponge imprégnée d'eau chaude. Frottez avec une brosse à chiendent, rincez à l'eau claire et laissez sécher.

MA GRAND-MÈRE M'A DIT…

*« L'artichaut sert aussi à nettoyer et à faire briller **le bois ciré** ! Coupez en deux une tige d'artichaut dans le sens de la longueur et frottez le meuble dans le sens des fibres du bois. Le parquet en bois ciré peut également être entretenu avec de l'artichaut… Mais, c'est plus long ! »*

BLANCHIR UN MEUBLE EN BOIS BLANC

Utilisez l'eau de cuisson des pommes de terre pour laver et frotter un meuble en bois blanc. Ne rincez pas.

CANNELAGES JAUNIS

Si vos chaises et fauteuils cannés jaunissent, lavez-les avec de l'eau fortement salée.

AURÉOLE SUR MEUBLE EN BOIS VERNI

Frottez avec un mélange, pour moitié, de sel fin et d'huile d'olive. Essuyez ensuite avec un chiffon doux.

CHAISES PAILLÉES

Elles doivent être régulièrement dépoussiérées. Passez de temps en temps, dans le sens des brins de paille, une éponge trempée dans de l'eau tiède additionnée de jus de citron (1 jus de citron pour 4 litres d'eau).

ENTRETIEN DES MEUBLES EN BOIS

Pour entretenir vos meubles en bois, mélangez 15 cl d'huile d'olive, 15 ml de vinaigre blanc et 8 gouttes d'huile essentielle d'eucalyptus. Appliquez sur les meubles à l'aide d'un chiffon sec.

LE BOIS ET LA BIÈRE

Sur un chiffon, versez un peu de bière. Frottez ensuite le meuble ou le parquet en bois pour redonner de l'éclat au bois. Pour redonner de la couleur au bois, mettez plus de bière.

LAVAGE DE LA COUETTE

Pas facile de laver une couette en machine ! Pour faciliter le « battage », mettez dans le tambour de la machine, deux ou trois balles de tennis qui vont faire office de lavandières !

TACHE D'URINE SUR MATELAS (1)

Votre petit dernier a fait pipi au lit et le matelas n'était pas protégé par une alèze ? Nettoyez le matelas avec une brosse imprégnée d'un mélange moitié eau, moitié eau oxygénée. Rincez. Essuyez le plus possible avec des essuie-tout (demandez donc à votre petit brigand de sauter sur le matelas pour absorber au maximum) puis séchez avec un sèche-cheveux. Mieux vaut nettoyer tout le matelas pour ne pas qu'il y ait d'auréole.

TACHE D'URINE SUR MATELAS (2)

Vous pouvez également nettoyer le matelas sali avec une solution composée de 1/2 eau, 1/2 vinaigre blanc et quelques gouttes de savon liquide. Rincez, essuyez le plus possible avec du papier absorbant et terminez le séchage avec le sèche-cheveux.

DOUDOU PROPRE !

Dans la mesure du possible, n'ayez que des peluches lavables en machine. Ne les lavez pas à la main, le temps de séchage serait trop long et le doudou risquerait de développer des moisissures à l'intérieur. S'il s'agit d'un doudou musical, pensez à le découdre et à enlever la boîte à musique avant de le mettre dans la machine.

NETTOYAGE DU MATELAS

Si vous avez un nettoyeur-vapeur, vous pouvez laver le matelas avec cet appareil. L'idéal est de le faire en été, pour que le matelas puisse sécher en plein soleil. Sinon, servez-vous du sèche-cheveux.

DÉSODORISER UNE CHAMBRE D'ENFANT

Les chambres de bébé ou d'enfant dégagent parfois des odeurs peu agréables. Surtout, évitez les désodorisants ou parfums d'intérieur en bombe, sous forme de diffuseurs à brancher ou en bougies. Ce sont de gros émetteurs de formaldéhyde (cancérigène), de benzène et de COV (composés organiques volatiles).

Ouvrez la fenêtre régulièrement et placez dans la chambre une coupelle remplie de bicarbonate de soude qui neutralise les odeurs.

LAVER LES SOLS EN LINO

Faites chauffer 3 litres d'eau ; à l'ébullition, versez-la dans un seau. Versez 1/3 de verre de savon de Marseille en paillettes et 1/3 de verre de bicarbonate de soude. Mélangez bien pour que les paillettes se dissolvent. Et lavez le sol en linoléum avec cette solution.

SÉJOUR AU CONGÉLATEUR

Pour détruire les acariens qui prolifèrent sur les peluches, mettez les doudous dans un sac en plastique et glissez-les quelques heures au congélateur. Attention, ce traitement tue les acariens, mais non les bactéries. Il faudra ensuite quand même laver les doudous.

DANS LA SALLE DE BAINS

Lieu fonctionnel, la salle de bains est également un endroit pour la détente, la relaxation et le bien-être. Mais, soyez vigilant : son atmosphère chaude et humide est propice au développement des bactéries et des champignons. Les germes ont besoin d'un endroit sale et humide. Maintenez donc votre salle de bains propre et aérée !

RÉGIME VINAIGRE !

Le lavabo et les tuyaux sont les endroits les plus remplis de bactéries de votre salle de bains. Le vinaigre se révèle l'un des plus redoutables ennemis des bactéries, avec un taux de destruction de 85 à 99 %. Quotidiennement, essuyez avec un torchon propre trempé dans du vinaigre les surfaces de la salle de bains ainsi que le carrelage et versez-en dans les tuyaux. Rincez une fois par semaine le lavabo avec deux verres de vinaigre.

NETTOYER LES CARREAUX EN CÉRAMIQUE

Autour de la baignoire, de la douche et du lavabo, les projections d'eau et de calcaire laissent des traces. Passez régulièrement avec un chiffon humidifié (1/3 vinaigre d'alcool et 2/3 eau). Essuyez avec un chiffon sec.

JOINTS TOUT BLANCS !

Pour nettoyer les joints de la salle de bains, mélangez du vinaigre blanc (50 cl) avec quelques gouttes de produit à vaisselle. Frottez avec une brosse à dents usagée et rincez. Sur les joints très sales, passez de l'eau oxygénée.

PRODUIT NETTOYANT AU CITRON

Ce produit nettoyant dégage une agréable odeur citronnée. Le jus de citron blanchira et complétera l'action du bicarbonate pour enlever les taches. Mélangez 1 tasse de bicarbonate de soude, le jus de 1 citron, 15 gouttes d'huile essentielle de citron pour obtenir une pâte et appliquez-la sur les surfaces sales. Laissez agir 1 heure et rincez abondamment.

RIDEAU DE DOUCHE MOISI

Achetez de préférence un rideau de douche en tissu qui passe à la machine. Pour éviter la moisissure, rincez-le après chaque douche et laissez-le tiré pour le séchage. Lors du lavage en machine, ajoutez 1/2 tasse de bicarbonate de soude directement dans votre machine à laver et 1 verre de vinaigre blanc dans le bac de l'adoucisseur.

PRODUIT POUR RÉCURER

Ce mélange très simple vous permettra de nettoyer efficacement et de redonner de l'éclat à votre lavabo. Saupoudrez le lavabo avec du bicarbonate de soude (2 cuillerées à soupe) et du sel fin (2 cuillerées à soupe). Brossez. Puis, rincez à l'eau chaude et, pour finir, essuyez avec un chiffon humidifié avec du vinaigre blanc.

NOUVELLE JEUNESSE DE L'ÉMAIL

Pour redonner de la blancheur et du brillant à de l'émail un peu triste, passez dans la baignoire ou le lavabo un chiffon imbibé d'un mélange d'essence de térébenthine et de sel fin. Après avoir laissé agir quelques minutes, polissez avec un chiffon. Ouvrez la fenêtre lorsque vous travaillez avec de l'essence de térébenthine.

BON PLAN !

CITRON ANTITARTRE

Ne jetez pas tout de suite les citrons qui ont servi à la cuisine ! Le jus acide dissout le tartre et vous permettra de nettoyer, sans produits chimiques, les robinetteries car il reste toujours un peu de jus dans un citron utilisé !

TACHES DE MOISISSURES

Le vinaigre blanc élimine les moisissures et prévient leur apparition. Frottez les surfaces (carrelage, rideau de douche, etc.) avec une éponge imbibée de vinaigre et laissez sécher.

LAVABO EN ACRYLIQUE

Les lavabos et baignoires en acrylique ou résine se nettoient avec une éponge humide imprégnée d'un peu de pierre d'argile (voir recette p. 34). S'ils sont très sales, utilisez du vinaigre blanc dilué dans de l'eau.

MA RECETTE À MOI

PRODUIT NETTOYANT À L'EUCALYPTUS

Lavez les robinets, le lavabo, la douche, la baignoire et le carrelage avec ce produit à verser dans un vaporisateur.

Ingrédients : *25 cl d'eau, 50 cl de vinaigre d'alcool, 20 gouttes d'huile essentielle d'eucalyptus.*

- ***Mélangez l'eau et le vinaigre d'alcool.***
- ***Versez dans un vaporisateur.***
- ***Ajoutez l'huile essentielle d'eucalyptus.***

Agitez bien ce produit avant de vous en servir.

ROBINETS RUTILANTS !

Frottez-les avec un chiffon imprégné de vinaigre blanc et essuyez. Vous pouvez faire de même pour nettoyer les miroirs.

CONTRE LE TARTRE

Faites chauffer un peu de vinaigre d'alcool, mettez dedans une bonne cuillerée à soupe de gros sel (pour la valeur d'un bol de vinaigre). Frottez les traces avec un chiffon doux. Recommencez l'opération si nécessaire. Rincez abondamment.

POMMEAU ENTARTRÉ

Détartrez, avec de l'acide citrique naturel issu du jus de citron ou bien avec du vinaigre d'alcool. Laissez agir 10 min puis rincez.
Pour déboucher un pommeau de douche entartré, laissez-le tremper toute une nuit dans du vinaigre.

BAIGNOIRE BOUCHÉE !

Utilisez tout d'abord une ventouse en caoutchouc. Si cela ne fonctionne pas, versez 1/2 verre de bicarbonate de soude dans la canalisation puis 1/2 verre de vinaigre blanc. Laissez agir un quart d'heure puis videz une grande casserole d'eau bouillante dans la canalisation.

MA GRAND-MÈRE M'A DIT…

*« Un petit truc tout simple pour nettoyer parfaitement **les robinets** : frottez-les avec de la farine pour les rendre éblouissants. »*

JOINTS EN SILICONE

Si les joints en silicone qui se trouvent autour de la baignoire ou du lavabo sont noircis, nettoyez-les régulièrement avec une vieille brosse à dents trempée dans du vinaigre d'alcool. Autre solution : appliquez un peu de savon noir sur une éponge, frottez puis rincez.

PEIGNES ET BROSSES

Pour nettoyer, désodoriser et désinfecter peignes, brosses à cheveux et brosses à ongles, laissez-les tremper toute une nuit dans 1 litre d'eau dans lequel vous aurez dilué 4 cuillerées à soupe de bicarbonate de soude.

DANS LES TOILETTES

Ma grand-mère disait que c'est à la propreté des toilettes que l'on reconnaît la bonne tenue d'une maison... Et elle n'avait pas tort ! Puisque vous voilà prévenu, il ne vous reste plus qu'à faire de cet endroit mal-aimé, un temple de la propreté et de la fraîcheur !

NETTOYANT POUR W.-C.

Vous pouvez préparer un nettoyant pour les W.-C. en mélangeant 125 ml d'eau, 125 ml de vinaigre d'alcool, 1 cuillerée à café de savon de Marseille liquide ainsi que 1 cuillerée à café d'huile essentielle de citron.

MA RECETTE À MOI

PRODUIT NETTOYANT À L'ARBRE À THÉ

Préparez ce produit nettoyant antibactérien. Vous rincerez avec un chiffon humide imprégné de vinaigre blanc.

Ingrédients *: 2 verres d'eau, 5 cuillerées à soupe de savon noir, 10 gouttes d'huile essentielle d'eucalyptus, 10 gouttes d'huile essentielle d'arbre à thé.*

- ***Mélangez le savon noir et l'eau.***
- ***Ajoutez les huiles essentielles.***
- ***Versez dans un vaporisateur.***

NETTOYER LE SOL DES W.-C.

Dans 2 litres d'eau chaude, versez 2 cuillerées à soupe de bicarbonate de soude, 3 cuillerées à soupe de vinaigre blanc, 20 gouttes d'huile essentielle de citron et 15 d'orange.

W.-C. TRÈS ENCRASSÉS

Si vous remarquez des taches noires au fond de la cuvette, versez 1 litre de vinaigre blanc bouillant au fond des toilettes. Laissez agir toute la nuit. Le matin, brossez et si les taches sont toujours apparentes, versez la préparation suivante : 1/2 verre de bicarbonate de soude, 1/2 verre de sel fin, 1 verre de vinaigre blanc et 1 casserole d'eau bouillante. Laissez agir 30 min et brossez.

Répétez l'opération plusieurs fois si le besoin s'en ressent. Pour les W.-C. très encrassés, il n'y a pas de miracle, il faut frotter, répéter plusieurs fois l'opération complète, pendant parfois plusieurs semaines. Et avec de la patience, quand tout sera redevenu blanc, entretenez régulièrement !

UN SPRAY ASSAINISSANT

Pour désinfecter les toilettes, diluez 60 gouttes d'huile essentielle antiseptique (par exemple 30 gouttes d'orange et 30 gouttes de citron) avec 2 cuillerées à soupe d'alcool blanc. Complétez le vaporisateur avec 100 ml de vinaigre blanc. Agitez bien avant de vaporiser sur la surface à assainir. Laissez agir quelques minutes avant d'essuyer. N'oubliez pas de désinfecter également le bouton de la chasse d'eau et la poignée de la porte.

À ÉVITER L'EAU DE JAVEL

Utilisée pour son action désinfectante, blanchissante et détachante, l'eau de Javel, ainsi qu'il est précisé sur la bouteille, tue 100 % des bactéries, des microbes et des champignons, qu'ils soient nocifs ou qu'ils aient une action bénéfique sur l'équilibre biologique. Or il existe peu de bactéries pathogènes en comparaison des autres bactéries qui ont une action bénéfique. Répétons-le : il n'est pas nécessaire de tout le temps tout désinfecter !

Nettoyer régulièrement suffit à limiter la prolifération bactérienne.

Traquer tous les microbes n'est pas seulement inutile (quelques minutes après la désinfection, les bactéries sont de retour...), mais également nuisible pour l'environnement (peu dégradable, l'eau de Javel est rejetée dans la nature), voire dangereux pour la santé (les produits antibactériens ont l'inconvénient de favoriser le développement des bactéries plus résistantes).

L'eau de Javel doit donc être utilisée avec parcimonie et remplacée par d'autres désinfectants, notamment des huiles essentielles.

DÉSINFECTANT AUX HUILES ESSENTIELLES

Faites vous-même, un désinfectant pour les sanitaires, à base d'huile essentielle d'eucalyptus (10 gouttes) et de thym (10 gouttes), de vinaigre blanc (1 cuillerée à soupe) ajoutée à de l'eau (25 cl).

BON AIR

Pour neutraliser les odeurs, laissez une petite coupelle remplie de bicarbonate de soude dans un coin des toilettes, ou bien, si vous souhaitez les parfumer, mettez un peu d'argile dans une coupelle et ajoutez 5 gouttes d'huile essentielle de citron et 5 gouttes d'huile essentielle de pamplemousse. Vous pouvez varier les senteurs en essayant menthe, verveine, eucalyptus, etc.

BON PLAN !

UN DÉSODORISANT À FAIRE SOI-MÊME

Préparez cette petite recette facile de désodorisant et mettez-la dans un vaporisateur. Ainsi, vous l'aurez toujours sous la main.
Mélangez 100 ml d'eau, 1 cuillerée à soupe de vodka, 10 gouttes d'huile essentielle de pin, 20 gouttes de menthe, 10 gouttes d'eucalyptus, 10 de citron et 10 de géranium.
Vous pouvez aussi simplifier cette recette (elle vous coûtera moins cher, les huiles essentielles étant assez onéreuses) en mettant 60 gouttes d'une seule huile essentielle.

DÉTARTRANT POUR LA CUVETTE DES W.-C.

Versez 1 cuillerée à soupe de bicarbonate de soude dans les toilettes. Laissez agir 15 min puis brossez.

FOSSES SEPTIQUES

Environ 1 fois par semaine, versez dans vos toilettes une tasse de bicarbonate de soude pour entretenir et maintenir un bon équilibre de pH dans la fosse septique.

BON PLAN !

YAOURTS DANS LA FOSSE SEPTIQUE

Ne jetez pas vos yaourts périmés (nature et non sucrés). Sortez-les du réfrigérateur, laissez-les à température ambiante pendant 24 h puis videz leur contenu dans les toilettes à fosse septique. C'est excellent pour entretenir la flore organique de la fosse.
Vous pouvez également régénérer la flore de votre fosse avec 1 sachet de levure chimique.

QUELLE EFFERVESCENCE !

Ce produit effervescent nettoie en profondeur vos sanitaires. Mélangez 1/2 tasse de vinaigre blanc et 1/4 de tasse de bicarbonate de soude. Frottez la surface à nettoyer avec une brosse. Laissez agir 30 minutes avant de brosser à nouveau. Puis rincez abondamment à l'eau tiède.

DANS LE COIN BUREAU

L'endroit où vous travaillez, où vous réglez les problèmes administratifs de la maison, peut se trouver dans une pièce spéciale, dans un coin de salon ou de votre chambre, suivant l'espace dont vous disposez. Savez-vous qu'il y a autant de bactéries sur votre clavier d'ordinateur que sur votre cuvette de W.-C. ?

ENLEVER LA POUSSIÈRE DU CLAVIER

Le premier ennemi de l'ordinateur est la poussière. Protégez votre ordinateur par une housse. Pour aller débusquer la poussière, grand ennemi des composants électroniques, qui se niche surtout entre les touches du clavier, à l'entrée de la ventilation et dans les connections, débranchez tout d'abord votre ordinateur. Utilisez l'embout de votre aspirateur, en prenant soin de ne pas endommager les touches ou les prises extérieures. Vous pouvez également utiliser une poire de lavement à acheter chez votre pharmacien.

DÉSINFECTER LE CLAVIER D'ORDINATEUR

Chaque semaine, nettoyez le clavier, la souris et la coque de l'ordinateur avec un chiffon doux imbibé de vinaigre blanc. Le vinaigre dégraisse et tue les bactéries qui trouvent refuge sur et dans votre ordinateur (et elles sont très nombreuses d'après les études) !

TRACES NOIRES SUR CLAVIER

Contre les traces grasses de couleur noire, utilisez un coton-tige que vous aurez trempé dans de l'alcool ménager.

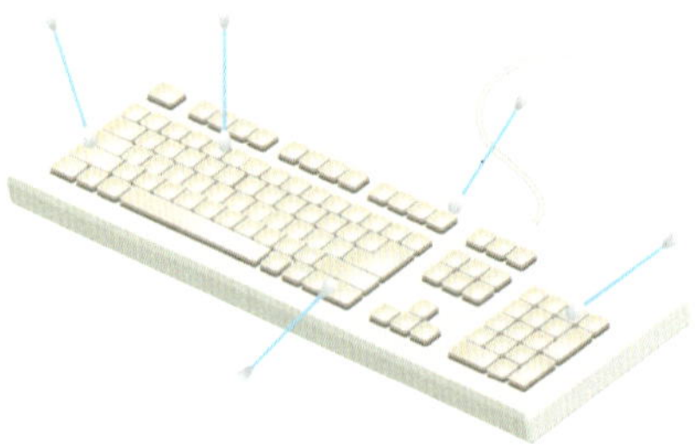

NETTOYER LA SOURIS

Si vous ne la nettoyez pas, la souris d'un ordinateur concentre 200 fois plus de germes que le couvercle des toilettes de votre bureau. Nettoyez-la soit avec du vinaigre d'alcool, soit avec de l'alcool ménager.

NETTOYER L'ÉCRAN D'ORDINATEUR

Pour l'écran, une simple lingette en microfibre ira très bien. N'appliquez ni eau ni solvant car vous risqueriez d'abîmer votre ordinateur.

TRANCHES DE LIVRES

Les tranches de livres deviennent, à la longue, grises et poussiéreuses. Imprégnez un coton blanc avec un peu d'alcool ménager. Pressez bien le livre et passez le coton sur les tranches, qui redeviendront propres et comme neuves.

RELIURES EN CUIR

Pour nourrir les livres en cuir de votre bibliothèque, passez un chiffon légèrement imprégné d'huile ou de vaseline sur la reliure.

PAGES CORNÉES

Vous tenez beaucoup à un livre et celui-ci a des coins cornés… Posez un buvard neuf de couleur blanche (ou un mouchoir en papier) sur l'envers de la pliure et repassez avec un fer moyennement chaud.

NETTOYER LE TÉLÉPHONE

Le téléphone d'un bureau compte en moyenne 25 000 bactéries sur 1 cm²… N'oubliez pas de le nettoyer ! Avec un chiffon imprégné d'alcool ménager, le résultat sera parfait !

DANS LA LINGERIE

BIEN ENTRETENIR LE LINGE

On passait jadis beaucoup de temps à entretenir le linge de la maison. Pour libérer la ménagère de ces contraintes, on a utilisé de nombreux composants chimiques dans les produits d'entretien. La pétrochimie remplaçait l'huile de coude... Revenons aujourd'hui à des produits moins nocifs pour l'environnement et plus doux pour notre peau...

EN ATTENTE DE LAVAGE...

Le linge sale stocké dans le panier, en attente de lavage, ne sent pas forcément bon. Si vous ne pouvez faire la lessive tout de suite, versez du bicarbonate de soude directement sur votre linge, au fur et à mesure que le panier se remplit, pour neutraliser les odeurs.

STOCKAGE AVANT LAVAGE

Mettez au fond du panier de linge sale 5 gouttes d'huile essentielle d'arbre à thé, puissant désinfectant, sur des galets ou des petits morceaux de bois.

PANIER DE LINGE SALE

N'oubliez pas de laver le panier de linge sale ! N'y mettez jamais de linge humide, stockez-le à côté. Les bactéries et moisissures se développent très rapidement dans une atmosphère humide. Nettoyez régulièrement le panier. S'il est en osier, frottez-le avec une brosse et de l'eau dans laquelle vous aurez dissous 1 cuillerée à soupe de bicarbonate de soude et 2 gouttes d'huile essentielle d'eucalyptus ou d'arbre à thé.

UNE LESSIVE ÉCOLOGIQUE

Les lessives industrielles contiennent de nombreux composants nocifs pour l'environnement qui se retrouvent dans les eaux usées. Après un traitement en station d'épuration, les eaux usées sont libérées dans la nature. Les lessives génèrent une importante pollution, de par la présence de molécules plus ou moins instables, toxiques et rémanentes. Là, plus qu'ailleurs peut-être, il convient d'acheter des lessives qui possèdent un label écologique. Regardez bien les étiquettes et choisissez celle qui contient le plus d'ingrédients végétaux dégradables, sans phosphate bien sûr. Mais vous pouvez fabriquer vous-même votre lessive.

CHANGER SES HABITUDES !

Les produits conventionnels qui s'appuient sur la pétrochimie depuis plus de cinquante ans sont évidemment plus performants (mais aussi plus polluants...) que ceux issus de la chimie écologique fondée sur la nature, beaucoup plus récente. Ce qui signifie qu'il faut repenser nos habitudes :

- appliquer du détachant sur les taches avant que celles-ci ne sèchent ;
- laisser de l'espace dans le tambour de la machine pour que la lessive puisse agir sur toutes les fibres ;
- bien doser le produit lessive selon les indications du paquet et la dureté de l'eau ;
- ajouter du percarbonate à la lessive en poudre à partir de 60 °C car son action est plus efficace à partir de cette température.

DE QUOI SONT FAITES LES LESSIVES ?

Les lessives sont composées d'une multitude de substances.

LES DÉTERGENTS (TENSIOACTIFS)

Ils augmentent le mouillage des tissus, ramollissent la saleté pour qu'elle se détache du linge, puis la maintiennent en suspension dans l'eau pour qu'elle ne se redépose pas sur le linge propre ; les tensioactifs issus de la pétrochimie créent des résidus difficiles à dégrader. Les tensioactifs d'origine végétale sont, eux, biodégradables.

LES COMPOSÉS ALCALINS

Ils augmentent l'efficacité des tensioactifs en agissant sur le pH de l'eau pour qu'il reste élevé (borates, carbonates comme le carbonate de sodium).

LES AGENTS SÉQUESTRANTS (CHÉLATANTS)

Improprement appelés anticalcaires, qui piègent le calcium, augmentant l'efficacité des détergents (métaphosphates, polyphosphates, zéolites, EDTA, NTA, citrates, phosphatases).

Si une lessive ne contient pas d'anticalcaires dans une formule, celle-ci comprendra plus de tensioactifs.

LES AGENTS ANTIDÉPOSITION

Ils empêchent les salissures piégées par les tensioactifs de se redéposer sur le linge (par exemple, carboxyméthylcellulose, phosphonates).

LES PARFUMS

Ils sont généralement de synthèse et potentiellement allergènes.

LES ENZYMES

Elles dégradent les molécules organiques en les fractionnant en plus petites particules.
Les différentes enzymes agissent sur diverses taches : les lipases agissent sur les taches grasses (lipides), les protéases agissent sur les taches de protéines, etc.

LES AGENTS DE BLANCHIMENT

Perborates, percarbonates tels que le percarbonate de sodium, peroxydes, contribuent à « blanchir » le linge. Le percabonate n'est pas nocif pour l'environnement ; le perborate, si !

LES AZURANTS OPTIQUES

Ils dissimulent les taches en absorbant des rayons ultraviolets et en réémettant de la lumière bleue, de sorte que le linge paraît plus lumineux et plus blanc.

LE BALLAST

Matériau granulaire de remplissage qui facilite la manipulation des poudres (si la lessive est en poudre) ;

LES CONSERVATEURS

Ces additifs annexes, qui permettent de bloquer les altérations de la lessive, sont souvent allergènes et peuvent perturber l'environnement.

L'EAU

Les lessives contiennent aussi de l'eau si elles sont liquides.

PRÉLAVAGE DU LINGE TRÈS SALE

Si votre linge est très sale, mieux vaut le faire tremper avant la lessive. Mettez-le dans un seau ou une cuvette avec 1 tasse de bicarbonate de soude, 6 tasses d'eau, 2 tasses de vinaigre blanc ainsi que 10 gouttes d'huile essentielle d'eucalyptus. Laissez tremper le linge pendant 2 heures. Les taches très tenaces demanderont un trempage plus long ou une application de glycérine qui détend les fibres textiles et permet de libérer les taches avant le lavage habituel.

DÉTACHANT POUR LE LINGE

Vous pouvez utiliser ce détachant pour des taches variées (taches de chocolat, de café, de moisissure, de sang, d'urine, de transpiration). Faites dissoudre 2 cuillerées à soupe de bicarbonate de soude dans 200 ml d'eau tiède. Laissez refroidir et ajoutez 5 gouttes d'huile essentielle d'eucalyptus. Versez le mélange dans une bouteille avec vaporisateur. Vaporisez sur la tache. Laissez sécher puis épongez avec un chiffon humide. Renouvelez l'opération si nécessaire.

DÉSINFECTER LES TORCHONS

Les torchons et les serviettes doivent être bien désinfectés. Il est conseillé, avant de les laver, de les tremper dans une bassine d'eau dans laquelle vous aurez versé 5 gouttes d'huile essentielle de thym, par exemple.

MA RECETTE À MOI

LESSIVE POUR LINGE TRÈS SALE

Plongez votre linge très sale dans une bassine remplie de cette solution. Laissez tremper pendant quelques heures.

Ingrédients : *3 cuillerées à soupe de cristaux de soude, 3 cuillerées à soupe de savon en paillettes, 25 gouttes d'huile essentielle de lavande.*

- ***Mélangez les cristaux et le savon en paillettes à l'eau chaude d'une bassine jusqu'à ce que le tout soit bien dissous.***
- ***Quand l'eau est refroidie, ajoutez l'huile essentielle.***

Les cristaux de soude peuvent être irritants pour les peaux sensibles. Portez des gants.

SAVON AU FIEL DE BŒUF

Sur les tissus blancs ou « grand teint », vous pouvez enlever les salissures en les frottant avec du savon au fiel de bœuf, c'est-à-dire à la bile de bœuf. Cette dernière, qui a la propriété d'émulsionner les graisses, est un additif ajouté au savon pour augmenter son pouvoir détachant. Ce savon enlève les taches de stylo à bille, d'encre, de sang, de graisses, de fruits, etc.
Il vous suffit de mouiller le savon, d'en frotter le linge sec, de laisser agir 15 min puis de le rincer à l'eau claire ou de le laver à la machine. Si les taches persistent, recommencez aussi souvent que nécessaire.

TRAITEMENT DES TACHES

Mieux vaut traiter les taches sur le linge avant de le mettre à la machine. La veille du lavage, frottez la tache avec du savon de Marseille. S'il s'agit de salissures tenaces, imprégnez la tache avec du savon noir liquide ou bien frottez les salissures avec du savon au fiel de bœuf (tissus blancs ou grand teint).

COL DE CHEMISE

Préparez une pâte épaisse composée de bicarbonate de soude (20 g) et de 2 cuillerées à soupe d'eau tiède. Laissez agir cette pâte sur les cols et les poignets encrassés pendant 2 heures. Ajoutez quelques gouttes de vinaigre blanc avant de mettre la chemise dans la machine à laver.

DÉTACHANT TOUS USAGES

Mélangez 2 cuillerées à soupe de glycérine végétale, 2 cuillerées à soupe de liquide vaisselle écologique et 25 cl d'eau. Secouez énergiquement et placez dans un flacon doseur. Tamponnez sur la tache et lavez comme d'habitude.

LA CHASSE AUX TACHES

Avec nos recettes de détachant, le savon de Marseille en pain et le savon au fiel, vous êtes déjà bien armé dans la lutte contre les taches. Voici encore quelques bons plans pour faire disparaître vos taches rebelles.

Règles de base : agir le plus rapidement possible et toujours avec de l'eau froide (l'eau chaude fixe les taches). Avant de traiter la tache, faites un essai sur un coin discret du vêtement si vous employez eau oxygénée, alcool ménager, à 90°, ou vinaigre blanc.

LA BIÈRE

Versez du vinaigre blanc sur la tache, avant lavage. Sur un tissu fragile, tamponnez la tache avec un chiffon mouillé d'un mélange à parts égales d'eau et d'alcool ménager.

LA BOUGIE

Grattez délicatement les taches avec une lame non coupante. Mettez des mouchoirs en papier blanc pliés en quatre de chaque côté de la tache. Repassez au fer chaud. Recommencez plusieurs fois avec des mouchoirs propres. Enlevez les dernières marques avec de l'alcool à 90°, rincez puis nettoyez normalement.

LE CAFÉ

Une tache de café ou de thé s'enlève avec de l'eau vinaigrée ou de l'eau oxygénée. Sur la soie et la laine, de l'eau additionnée d'alcool à 90° donne de bons résultats.

LE COCA-COLA

Saupoudrez la tache de terre de Sommières. Une fois la partie tachée séchée, brossez puis tamponnez avec un chiffon imbibé d'un peu d'eau savonneuse. Si la tache est ancienne, tamponnez avec un linge imbibé d'alcool ménager. N'oubliez pas de rincer.

LE CHOCOLAT

Si la tache est incrustée, grattez le chocolat séché puis tamponnez avec un linge imbibé d'eau savonneuse. Si la tache résiste encore, frottez à l'aide d'un chiffon en coton imbibé de vinaigre blanc.

L'ENCRE

Tamponnez la tache avec de l'eau savonneuse, puis avec de l'alcool à 90°. Si la tache ne part pas, frottez doucement avec du jus de citron additionné de sel. Sur les tissus de couleur en coton, de l'eau additionnée de vinaigre d'alcool donne de bons résultats.

LES FRUITS OU LES LÉGUMES

Tamponnez la tache avec quelques gouttes d'eau oxygénée ou du vinaigre blanc. Rincez rapidement. Vous pouvez également verser quelques gouttes de jus de citron.

L'HERBE

Traitez la tache avec de l'alcool ménager (sauf sur l'acétate). Laissez sécher puis lavez. Vous pouvez également essayer de tamponner la tache avec de l'eau vinaigrée ou oxygénée. Rincez et lavez. Les taches d'herbe sont difficiles à faire partir.

LE MAQUILLAGE

Mettez un peu de démaquillant sur le tissu. Frottez avec le doigt puis lavez à la main avec du savon de Marseille, en frottant doucement.

LES MATIÈRES GRASSES

Sur les textiles fragiles, saupoudrez de poudre de Sommières les taches de matières grasses. Laissez absorber puis brossez doucement.

LES FRUITS ROUGES

L'eau oxygénée enlève les taches de fruits rouges. Vous pouvez appliquer également un chiffon propre imprégné de jus de citron. Lavez et rincez.

LA MOISISSURE

Imbibez la tache avec de l'eau oxygénée à 10 volumes. Laissez agir 5 à 10 min. Rincez soigneusement puis lavez normalement. Vous pouvez mouiller la tache avec de l'eau vinaigrée et, si la tache résiste, rincez-la avec du jus de citron. Sur la laine et la soie, ces taches sont bien souvent indélébiles.

L'ŒUF

Rincez à l'eau froide avant de procéder au lavage. Si la tache ne part pas, tamponnez avec un linge imbibé d'eau oxygénée, légèrement diluée ou bien une éponge imbibée de vinaigre blanc. Rincez bien.

LA PEINTURE ACRYLIQUE

Si la peinture est fraîche, grattez l'excédent avec une spatule, puis lavez aussitôt à l'eau froide et au savon. Si la peinture est sèche, tamponnez avec un linge imbibé d'alcool ménager puis procédez au lavage.

LE ROUGE À LÈVRES

Étalez un peu de beurre sur la tache. Grattez. Nettoyez ensuite avec de l'eau et de la lessive. Autre solution : celle d'imbiber la tache (sans l'étaler) avec une lotion démaquillante non grasse puis de laver.

LA ROUILLE

La rhubarbe fait merveille sur une tache de rouille. Passez une tige au mixeur ou à la centrifugeuse, badigeonnez la tache avec cette purée. Laissez agir 2 ou 3 heures et lavez normalement. Vous pouvez également frotter la tache avec du jus de citron salé. Laissez agir 1 heure puis rincez abondamment.

LE SANG

Vous pouvez essayer plusieurs solutions : tamponnez avec du vinaigre d'alcool, rincez puis lavez normalement ; frottez avec de l'eau oxygénée 10 volumes ou du jus de citron pur, laissez agir quelques instants puis lavez ; faites dissoudre 2 cachets d'aspirine dans une basine d'eau et mettez-y le linge taché à tremper avant de le laver.

LE STYLO À BILLE

Sur le coton blanc, le jus de citron fait des miracles. Sinon, tamponnez avec un linge imbibé d'alcool à 90°.

LE STYLO FEUTRE

Tamponnez avec un chiffon imbibé d'alcool à 90°. Lavez, rincez. Ou bien, vaporisez sur la tache de la laque à cheveux : dès que l'encre commence à déteindre, rincez abondamment.

LE THÉ

Si l'on intervient rapidement ces taches disparaissent à l'eau savonneuse (froide). Les taches anciennes s'éliminent avec du jus de citron, de l'eau vinaigrée ou de la glycérine tiédie et de l'eau savonneuse. Enfin l'alcool ménager est également efficace.

LE VIN ROUGE

Mouillez la tache avec de l'alcool ménager, du vin blanc ou de la vodka (les alcools blancs « avalent » le vin rouge), puis procédez au lavage. Autre solution : celle de passer la tache à l'eau oxygénée diluée. Lavez ensuite à l'eau savonneuse.

MOINS DE PRODUIT LESSIVE !

Le carbonate de sodium (cristaux de soude) a la capacité d'adoucir l'eau, ce qui rend l'action des agents nettoyants (les tensioactifs) plus efficaces : cela vous permettra de réduire votre consommation de lessive et de rejeter moins de polluants dans la nature. Versez 1/2 verre de cristaux dans la machine à laver.

POUR OU CONTRE ?

LES NOIX DE LAVAGE

En Inde et au Népal, les noix de lavage sont utilisées depuis des générations pour la lessive quotidienne. Fruits de l'arbre à savon (Sapindus mukorossi), elles sont riches en saponines (environ 15 %) qui agissent, au contact de l'eau, comme un détergent.
Les saponines n'abîment pas les tissus délicats et préservent les couleurs. Il suffit de mettre quelques noix cassées en morceaux dans un sachet directement dans le tambour de la machine, de rajouter pour le linge blanc une cuillerée à soupe de percarbonate de sodium et éventuellement quelques gouttes d'huiles essentielles. Les mêmes noix peuvent être utilisées plusieurs fois et être mises au compost une fois leur efficacité terminée.

Quelques bémols...

Apparemment, c'est le produit miracle... Pourtant, l'efficacité des noix de lavage semble assez médiocre. Le magazine Que choisir, en mars 2009, conclut après un banc d'essai qu'elles sont comparables à un lavage à l'eau. Le transport en avion est une aberration écologique, mais nombre d'entre elles sont maintenant acheminées par bateau, nous dit-on.
Reste que l'engouement européen pour les noix de lavage entraîne des questions et des réflexions sur les effets pervers d'une « mode » (qui risque donc de passer) : développement d'une ressource vivrière sauvage mise en culture pour l'exportation, danger de l'installation d'une monoculture pour répondre à cette demande, sans nécessité locale, d'où un déséquilibre régional, etc. À vous de juger...

LES BALLES DE LAVAGE

Ajoutées au linge, ces balles de lavage en élastomère agissent comme de vraies lavandières. Elles battent, détassent, bougent et pétrissent le linge sans l'abîmer, l'obligeant à passer et repasser dans l'eau, au lavage et au rinçage. De ce fait, nous mettons moins de lessive et nous programmons la touche demi-charge pour le rinçage, ce qui permet d'économiser quelques litres d'eau.
Les balles de lavage sont adaptées au linge classique, aux vêtements de ski, à la literie et tous les tissus plus épais, jeans, etc. Au lieu d'investir dans ces balles de lavage, vous pouvez utiliser de vieilles balles de tennis ou de golf qui auront le même effet.

PLUS BLANC !

Le percarbonate de sodium est un agent de blanchiment oxygéné sans phosphates et sans chlore qui se décompose dans l'eau pour donner de l'eau oxygénée et du carbonate de sodium. Ajoutez-le à la lessive en poudre à partir de 60 °C, car il est plus efficace à partir de cette température (donc pour lessive de blanc ou couleur grand teint). Le percarbonate de sodium, une fois dilué dans l'eau, est également un bon détachant, notamment pour les taches de sang.

BON PLAN !

CACHER LES TACHES INDÉLÉBILES

Malheureusement, vous ne parviendrez pas à éliminer certaines taches indélébiles des tissus. Vous pouvez toutefois les cacher (si l'endroit où elles ont été faites s'y prête) sous un motif thermocollant ou une broderie prête à poser.

MA RECETTE À MOI

LESSIVE CLASSIQUE

Ingrédients : *1,5 litre d'eau, 70 g de savon de Marseille liquide, 1/2 verre de vinaigre d'alcool, 1/2 verre de bicarbonate de soude, 20 gouttes d'huile essentielle de lavande (ou autre, si vous préférez, comme le citron ou l'orange).*

- ***Diluez le savon de Marseille dans l'eau.***
- ***Ajoutez le vinaigre et le bicarbonate, ainsi que l'huile essentielle.***
- ***Mettez dans une bouteille et étiquetez votre contenant.***

VÊTEMENTS JAUNIS

On peut obtenir une décoloration douce avec de l'eau oxygénée à 10 %. Mettez, dans une cuvette (ou l'évier) 1 volume d'eau oxygénée pour 4 volumes d'eau. Laissez tremper pendant toute la nuit.

LE SAVON EN PAILLETTES À LA MACHINE

Attention à ne pas encrasser vos canalisations ! Si vous voulez préparer une lessive au savon de Marseille en copeaux, voici comment faire : râpez 100 g de savon de Marseille artisanal avec un couteau économe. Mettez vos copeaux dans une grande casserole (ou une marmite), ajoutez 4 litres d'eau. Faites fondre le savon à feu doux. Laissez bouillir quelques minutes. Lorsque le mélange a tiédi, ajoutez 15 gouttes d'huile essentielle de citron et 5 de pamplemousse. Sans attendre que le mélange fige, versez-le dans des contenants propres, puis étiquetez.

Mettez directement votre lessive dans le tambour (pour éviter tout risque de blocage du distributeur de poudre) avec 1/2 verre de bicarbonate de soude et ajoutez 4 cuillerées à soupe de vinaigre d'alcool avec 5 gouttes d'huile essentielle de citron dans le distributeur d'adoucissant.

POUR OU CONTRE ?

LES BOULES DE LAVAGE

Il y a les adeptes et ceux qui parlent d'arnaque ! Il existe des boules magnétiques anticalcaires ; d'autres remplies de billes en céramique laissées au soleil pour que les billes se rechargent en ions négatifs ; d'autres encore contenant des molécules qui entrent en action avec l'eau. Elles libèrent de l'oxygène dans l'eau et lavent le linge sans lessive... L'efficacité des boules magiques est mise en doute par un banc d'essai du magazine Que Choisir *(n°467, février 2009), qui n'a constaté aucune différence entre des lavages à l'eau et ceux qui utilisent les boules de lavage.*

Même constat pour Jean Günther, membre de l'Association française pour l'information scientifique, ingénieur en chef des Mines, retraité. Il conclut sur le dossier qu'il a consacré aux boules de lavage : « Un minimum de connaissances en physique devrait permettre d'éviter de croire en des produits dépourvus de tout fondement raisonnable. À défaut, le bon sens de l'humoriste mériterait d'être pris au sérieux ! »

Allez voir sur le site de l'Association française pour l'information scientifique (www.pseudo-sciences.org/spip.php?article917) et... jugez vous-même !

LE SAVON EN COPEAUX

Pour nettoyer le linge délicat (dentelles, layette, lainage, lingerie), lavez à la main avec du savon de Marseille en copeaux. Il faut tout d'abord faire dissoudre les copeaux dans un peu d'eau chaude (proportions : 1 poignée de copeaux pour 5 litres d'eau). Lavez et rincez. Vous pouvez ajouter du bicarbonate de soude pour le linge de couleur ou du percarbonate de sodium pour le linge blanc.

MA GRAND-MÈRE M'A DIT…

*« Le soleil permet de **blanchir** naturellement le linge. Il suffit de suspendre les draps, taies d'oreiller et autre linge blanc au soleil, à l'extérieur.*
Attention, le soleil cuit le linge coloré et fait passer les couleurs.
Pour les taches tenaces, faites tremper le linge dans du jus de citron (plus ou moins dilué dans de l'eau selon le volume de linge) avant de le faire sécher au soleil. »

POUR LES PEAUX INTOLÉRANTES

Le savon d'Alep (huile d'olive et huile de baies de laurier) en paillettes est préconisé pour le lavage à la main du linge fragile (lainage, lingerie) et des tissus en contact avec les peaux délicates, comme celles des bébés, ou les peaux sensibles et allergiques.
Pour un lavage à la main : faites dissoudre environ 25 g de savon d'Alep en paillettes dans 5 litres d'eau tiède à 30 °C. Laissez tremper puis frottez légèrement. La quantité de paillettes à utiliser dépend du degré de salissure du linge et de la dureté de l'eau.
Pour un lavage en machine : dispersez la lessive en paillette au cœur du linge.

J'ai également trouvé, sur Internet, une lessive liquide de savon d'Alep très concentrée, fabriquée par les maîtres savonniers d'Alep (Syrie), mais je ne l'ai pas encore testée.

LESSIVE À LA CENDRE DE BOIS

Si vous avez un chauffage au bois, voilà une bonne façon d'utiliser les cendres ! Faites tremper, pendant 24 h, 1 verre de cendre de bois dans 2,5 litres d'eau en remuant régulièrement. Filtrez ensuite très soigneusement (avec des tissus, cotons, filtre à café, etc.). Vous récupèrerez ainsi la potasse qui va servir de détergent. Surtout, ne mettez pas la cendre et le moins possible de particules de cendre !

LESSIVE AU SAVON NOIR

Vous pouvez également faire votre lessive au savon noir : pour préparer 1 litre de lessive liquide, versez 15 cl de savon noir dans une bouteille, ajoutez 85 cl d'eau. Mélangez bien. Pour une machine, versez environ 10 cl de lessive (environ 1/2 verre). Pensez aussi à appliquer directement du savon noir dilué sur les taches avant lavage !

Pour éviter d'encrasser la machine, versez 10 cl de vinaigre blanc dans le bac de rinçage.

Lorsque vous faites une lessive de blanc, ajoutez 2 poignées de cristaux de soude car ils ont la vertu de raviver le blanc ; ne mettez alors pas de vinaigre blanc !

LESSIVE À LA SAPONAIRE

Grâce à la saponine qu'elle contient (environ 5 %), la saponaire est naturellement moussante et nettoyante. Sa racine broyée et ses pétales peuvent être utilisés dans la fabrication de lessives ou de savons. Faites une décoction de 100 g de saponaire pour 1 litre d'eau (non calcaire) : faire bouillir 5 minutes puis filtrez.

Mettez ce jus en bouteilles : vous obtiendrez une lessive très bonne pour la laine et les tissus de couleurs fragiles. Elle est légèrement jaunissante avec les tissus blancs, donc ajoutez 1 cuillerée de percarbonate de soude. On trouve de la racine de saponaire chez les herboristes, à moins de la récolter dans la nature ou d'en planter 3 pieds au fond du jardin !

BON RINÇAGE

Pour que le blanc soit plus blanc et les couleurs plus vives, ajoutez du jus de citron à l'eau de rinçage. Suspendre le linge blanc au soleil est une méthode naturelle de blanchiment et... d'économie d'énergie !

MA GRAND-MÈRE M'A DIT...

*« **Pour conserver la couleur noire** de vos tee-shirts, pantalons ou pulls, lavez votre vêtement dans une eau de lierre. Faites bouillir 100 g de feuilles de lierre dans 10 litres d'eau. Passez à travers un linge.*
Bonne lessive également pour les tissus et lainage de couleur sombre, celle aux marrons d'Inde : enlevez l'enveloppe des fruits (1 kg), faites-les bouillir pendant 1 h dans 3 litres d'eau. Ensuite, passez au tamis, recueillez le jus, mettez-le en bouteilles. C'est assez contraignant ! De plus le pourcentage de saponines est faible (4% dans les marrons d'Inde, de 5 % dans le lierre) donc le pouvoir détergent est faible également. »

NUL BESOIN D'ADOUCISSANTS TEXTILES !

L'assouplissant arrive en fin de cycle de lavage et n'est pas rincé plusieurs fois, contrairement à la lessive. Or, les produits adoucissants conventionnels contiennent des tensio-actifs issus de la pétrochimie qui ont pour vocation d'adoucir le linge. Ceux-ci restent dans les fibres des vêtements et sont en contact direct avec la peau. Ce qui peut provoquer certaines réactions ou allergies...
Les tensio-actifs ne sont pas les seuls en cause. Pour être efficaces, ils ont besoin d'agents séquestrants (appelés anticalcaires), dont l'EDTA (acide éthylènediamine tétra-acétique), qui piègent le calcaire et augmentent les effets des détergents. Une fois sortis du lave-linge, ces composants chimiques peu biodégradables (donc toxiques) perturbent l'écosystème aquatique et ont les conséquences négatives que nous connaissons sur l'environnement.

MA GRAND-MÈRE M'A DIT...

« Vous avez préparé une salade de haricots blancs ? Surtout, ne jetez pas l'eau de cuisson ! Si votre ***pull en laine*** *est feutré, trempez-le dans cette eau refroidie. Il reprendra une belle apparence. »*

VIVE LE VINAIGRE !

Les adoucissants industriels sont assez agressifs pour les épidermes délicats. Vous pouvez remplacer l'adoucissant que vous employez pour parfaire le nettoyage de votre linge par du vinaigre blanc qui dissout le calcaire. Il ravivera les couleurs, rendra votre linge blanc, réduira l'électricité statique, agira contre les bactéries qui résistent aux lavages et en plus détartrera votre lave-linge !
Mettez dans le compartiment adoucissant de votre machine à laver 2 cuillerées à soupe de vinaigre blanc et 5 gouttes d'huile essentielle de lavande, citron, verveine ou autre senteur que vous aimez pour parfumer votre linge.

DÉTARTRAGE DE LA MACHINE À LAVER

Une fois par mois, versez 6 à 8 cuillerées à soupe d'acide citrique dans le tambour et mettez votre machine en marche sur le programme à 90 °C (sans linge dedans !)

DÉSINFECTER LE LINGE

Pour désinfecter un linge qui a été en contact avec une plaie ou des couches, faites tremper avant le lavage dans un bain de percarbonate de sodium (1 cuillerée à soupe par bassine) en mettant de l'eau légèrement chaude (30 à 40 °C). Procédez ensuite au lavage habituel. Le percarbonate de sodium a des propriétés antiseptiques et désodorisantes.

EAU DE LAVANDE

Cette préparation parfumera votre linge et éloignera les mites. Vous pouvez rincer votre linge avec cette eau florale ou verser cette préparation dans le fer à repasser.

Portez 1 l d'eau à ébullition, versez 2 tasses de fleurs de lavande dans l'eau, laissez bouillir 10 min. Faites refroidir la décoction. Filtrez puis mettez dans une bouteille.

MA RECETTE À MOI

VINAIGRE PARFUMÉ ADOUCISSANT

Ingrédients *: 1 litre de vinaigre, 1 poignée de fleurs de lavande fraîches, 3 branchettes de romarin, 10 gouttes d'huile essentielle de lavande.*

- ***Faites chauffer le vinaigre. Arrêtez le feu avant l'ébullition, mettez les fleurs de lavande et le romarin. Laissez refroidir.***
- ***Filtrez, versez dans une bouteille et ajoutez l'huile essentielle.***

Vous mettrez 1/4 de verre de vinaigre parfumé dans le compartiment réservé au produit adoucissant de votre lave-linge.

LES BONS PRODUITS

LES PRODUITS ÉCOLOGIQUES

Nettoyez et faites briller la maison avec des produits d'entretien écologiques. Pierre d'argent ou d'argile, vinaigre d'alcool, huile essentielle de pin, bicarbonate de soude, terre de Sommières... apprenez à les utiliser ! Où les trouver et à quel prix ?

LE BLANC DE MEUDON

• **Appelé aussi « blanc d'Espagne »**, il est constitué de particules de carbonate de calcium ($CaCO_3$) qui est le composant principal du calcaire et de la craie. Son nom lui vient des carrières de craie de Meudon (Hauts-de-Seine), dont l'exploitation remonte au XVIIIe siècle.

• **Mélangé avec de l'eau**, pour obtenir une pâte, il devient un excellent produit d'entretien ménager écologique.

➨ **Il nettoie et fait briller**, sans rayer, de nombreuses surfaces : les vitres, l'inox, le cuivre, le laiton, l'argenterie, la faïence, le marbre, le plastique, les plaques de vitrocéramique...

➨ **Il sert à blanchir** entièrement les vitrines des magasins pendant une période de travaux, ou bien à décorer les fenêtres durant les fêtes. Son avantage est de s'enlever très facilement avec un chiffon.

• ***Où le trouver ?*** Dans les enseignes de bricolage, dans les magasins de matériaux pour le bâtiment, chez les vendeurs de matériaux écologiques, sur Internet.

• ***Prix :*** moins de 5 € les 500 g.

L'ACIDE CITRIQUE

• **Produit de droguerie traditionnelle** à diluer dans l'eau, l'acide citrique est un des acides végétaux les plus répandus, obtenus principalement à partir de la fermentation de solutions sucrées.

• **C'est un produit ménager aux multiples usages**, sans danger et complètement biodégradable, au fort pouvoir anticalcaire qui est également antibactérien et fongicide.

Attention : l'acide citrique ne convient pas sur l'émail, l'aluminium, le marbre, sur toutes surfaces sensibles aux acides. Protégez les textiles de couleur des éclaboussures d'acide citrique (danger de taches irréversibles !). C'est un produit irritant pour les yeux, la peau et les muqueuses.

➡ **Il détartre** la machine à laver, la cafetière, la bouilloire, le fer à repasser.

➡ **Il dissout** la rouille.

➡ **Il détruit** les champignons, les algues (lichens), les bactéries.

• ***Où le trouver ?*** Dans les drogueries, en pharmacie, sur le Net.

• ***Prix :*** moins de 10 € le kilo.

LE BICARBONATE DE SOUDE

• **Le bicarbonate est le dérivé d'un minéral**, appelé natron, qui se forme lors de l'évaporation des lacs salés. Les Égyptiens de l'Antiquité l'utilisaient déjà pour le blanchiment du linge, la conservation des viandes, la préparation du cuir et la momification. Environ 1/3 de la production du bicarbonate provient du natron. Le reste est obtenu par un procédé synthétique (le procédé Solvay), au cours duquel le bicarbonate est recréé à partir du sel de table, de la craie et de la pierre calcaire.

• **Cette poudre légèrement alcaline** (s'oppose à l'acide), est utilisée pour neutraliser les acides doux. C'est un excellent nettoyant, détachant et désodorisant. Parmi ses nombreux usages, citons-en quelques-uns.

➡ **Nettoyer** le brûlé au fond des casseroles et des poêles avec une pâte de bicarbonate de soude et d'eau.

➡ **Raviver** l'argenterie en la plongeant dans une solution de bicarbonate de soude et d'eau bouillante.

➡ **Éliminer** les vieilles taches d'encre sur tissus et moquettes en appliquant une pâte élaborée à base de bicarbonate de soude et d'eau.

➡ Ajouter du bicarbonate de soude à du vinaigre pour faire un **produit nettoyant effervescent** efficace pour les salles de bains et la cuisine.

• ***Où le trouver ?*** En pharmacie, en grandes surfaces, en magasin bio.

• ***Prix :*** moins de 5 € le kilo.

LES CRISTAUX DE SOUDE

- **Appelés également carbonate de soude**, ou carbonate de sodium, les cristaux de soude, déjà utilisés sous l'Antiquité, sont redoutables avec la saleté. Comparables au bicarbonate de soude, en plus corrosifs, ils dégraissent et désinfectent, sans être nocifs pour l'environnement, mais ils peuvent être très irritants pour la peau : à manipuler avec des gants, donc.
- **Ils nettoient efficacement, débouchent** les canalisations, entrent dans la composition des lessives.

➡ **Pour obtenir un nettoyant puissant** (pour faire les sols, par exemple), versez une cuillerée à café de cristaux de soude dans 1 litre d'eau chaude.

➡ **Pour les taches de graisse tenaces**, mélangez 3 cuillerées à soupe du produit et 1 cuillère à café de copeaux de savon de Marseille dans 1 litre d'eau très chaude. Attention à ne jamais l'utiliser sur de l'aluminium ou sur les sols cirés.

➡ **Le carbonate de sodium a également la capacité d'adoucir l'eau** et rend l'action des agents nettoyants (les tensioactifs) plus efficaces : ce qui vous permet de réduire la consommation de liquide vaisselle ou de lessive. Dans ce cas, versez un demi-verre de cristaux dans la machine à laver.

- ***Où les trouver ?*** Dans les drogueries, les magasins de bricolage, dans certaines grandes surfaces (rayon lessive ou produits d'entretien).
- ***Prix :*** moins de 5 € le paquet d'1 kilo (environ 2 €).

L'ESSENCE DE TÉRÉBENTHINE

- **Cette essence est obtenue par distillation de la gemme du pin maritime**, d'où son odeur caractéristique. Elle sert surtout, pour l'entretien de la maison, au détachage.

Attention, bien qu'issue d'une résine naturelle, elle peut s'avérer allergisante. Les pins d'Europe du Nord contiennent naturellement une substance pouvant déclencher de l'eczéma : le delta-3-carène. Les pins du sud de l'Europe en sont exempts. C'est pourquoi, il est préférable d'utiliser une essence de térébenthine « pure gemme » du Portugal.

- **C'est un très bon solvant naturel** permettant la dilution de tout produit en phase huileuse (lasure, laque, huile, vernis, cire...) ainsi que le nettoyage des outils.

➡ **Elle permet d'éliminer les taches de graisse**, cire, huile, cambouis ou goudron.

➡ **Les meubles encrassés** par de nombreuses couches de cire retrouveront leur éclat si vous passez un chiffon imbibé d'essence de térébenthine puis les lustrez aussitôt au chiffon de laine.

➡ **L'essence de térébenthine enlève les moisissures** sur les cuirs (canapés, fauteuils, chaussures, blousons...).

➡ **Elle entre dans la composition de l'encaustique** maison.

• ***Où la trouver ?*** Dans les magasins de matériaux écologiques, magasins de bricolage, drogueries, sur le Net.

• ***Prix :*** plus de 10 € le litre (environ 15 €).

LA GLYCÉRINE VÉGÉTALE

• La glycérine végétale est un liquide sirupeux, incolore et inodore, non toxique, obtenu à partir du colza.

• La glycérine est utilisée comme **détachant**. Elle lubrifie et assouplit les fibres textiles.

➠ **Elle dilue certains types de taches**, sur les tissus et les moquettes, comme celles de café ou d'encre. Faites pénétrer en tamponnant la glycérine dans les taches résistantes pour les atténuer avant de les mouiller ou de les passer en machine.

• ***Où la trouver ?*** En pharmacie.

• ***Prix :*** moins de 10 € les 100 ml.

LE PERCABONATE DE SODIUM

• Le percarbonate de sodium que l'on trouve également dans le commerce sous l'appellation de **« sel blanchissant » ou « sel détachant »** est fabriqué à partir de cristaux de soude et d'eau oxygénée. Le premier est un détergent qui augmente le pH de l'eau. Quant à l'eau oxygénée, c'est un agent blanchissant performant grâce à ses propriétés oxydantes.

Attention, le percarbonate de sodium est inflammable et irritant pour les yeux et la peau. En cas de contact, lavez abondamment à l'eau et consultez un spécialiste.

• **Le percarbonate de sodium désodorise et détache**. En libérant de l'oxygène actif dans l'eau, le percarbonate de sodium, actif dès 40 °C, a également un pouvoir blanchissant exceptionnel.

➠ **Aucune tache ne lui résiste :** café, thé, vin rouge, chocolat, encre, jus de fruits, maquillage, sauce tomate, suie, (2 cuillerées à soupe pour éliminer les taches tenaces, directement dans le tambour de la machine)

➠ **Pour les taches de sang**, mélangez le percarbonate à un peu d'eau et appliquez-le directement sur la partie tachée du vêtement avant le lavage en machine.

➠ **Il préserve la blancheur du linge** en évitant la grisaille due au calcaire et en respectant le tissu coloré (contrairement à l'eau de Javel). Ajoutez 1 cuillerée à soupe directement dans le tambour, pour une machine pleine de 4 à 5 kg.

➠ **Lavage à la main ou trempage :** 1 cuillerée à soupe.

• ***Où le trouver ?*** En magasin bio, sur le Net.

• ***Prix :*** 5 à 6 € pour un paquet de 1 kg (50 à 100 lavages).

LA POUDRE DE PIERRE PONCE

• **La poudre de ponce** a été utilisée pour l'entretien de la maison, en France, jusque dans les années 1970. Elle provient de la pierre ponce, pierre très poreuse, très légère et très dure, d'origine volcanique qui est broyée, séchée et tamisée.

• **Elle servait de poudre à récurer** (les éviers par exemple), de poudre à couteaux pour polir leur lame. Elle sert toujours pour le ponçage fin des bois vernis.

➡ **Mélangée à du savon noir**, elle était utilisée par les mécaniciens pour ôter le cambouis de leurs mains.

➡ **Pour nettoyer le cuivre et l'étain** sans rayer, mouillez un chiffon de toile, enduisez-le de poudre de pierre ponce et frottez.

• ***Où la trouver ?*** En drogueries, magasins de beaux-arts, sur Internet.

• ***Prix :*** moins de 5 € les 250 g.

LE SAVON NOIR

• **À base de potasse et de matières végétales** dont de l'huile de lin ou de l'huile d'olive, le savon noir de ménage se présente sous forme liquide ou en pâte.

• **C'est un excellent produit traditionnel polyvalent**, pour l'entretien de la maison. Il lave les sols, dégraisse four, hottes, plaques en vitrocéramique, est utilisé comme lessive, etc. Parmi ses usages, en voici quelques-uns.

➡ Il peut être utilisé comme **détachant avant lavage**.

➡ C'est aussi **un antiseptique et un insecticide** très efficace.

➡ **Il nettoie**, sans rinçage, les vitres, les sanitaires.

➡ Il est recommandé pour la **protection des carrelages**, terres cuites, grès et sols plastique.

➡ **Il entretient les cuirs** (intérieur de voiture, canapés, blousons, etc.) : une noisette sur un chiffon, il suffit de frotter.

Attention le savon noir est très concentré (ce qui justifie son prix assez élevé) : 1 à 2 cuillerées à soupe de savon noir liquide (ou 1 de savon mou) dans un seau suffisent pour l'entretien des sols.

• ***Où le trouver ?*** Dans les magasins bio, les enseignes de bricolage, sur Internet.

• ***Prix :*** environ 8 € le litre ou le kilo.

LA TERRE DE SOMMIÈRES

• **La terre de Sommières est une poudre d'argile** naturelle utilisée depuis le début du XIXe siècle comme détachant à sec, extraite à l'origine des carrières de Sommières (Gard), mais aujourd'hui le plus souvent d'Italie et du Maroc.

• **C'est un excellent détachant écologique** qui permet d'éliminer par absorption les taches grasses (huile, beurre, cambouis, maquillage...) sur tous les types de surfaces (sol, tissus délicats, tapis, meubles...).

➨ **Son utilisation est simple :** saupoudrez généreusement la terre de Sommières sur la tache à traiter et laissez agir, sans frotter, pendant 30 min. Il faut ensuite retirer la terre de Sommières à l'aide d'un aspirateur. On peut passer la terre de Sommières au four pour qu'elle gagne en efficacité.

• ***Où la trouver ?*** Dans les magasins de bricolage, dans les drogueries, sur Internet.

• ***Prix :*** moins de 3 € les 400 g.

LE VINAIGRE D'ALCOOL

• **C'est le roi des produits pour le ménage écologique** ! On l'appelle également vinaigre cristal, c'est le vinaigre blanc premier prix, obtenu par fermentation d'alcool de betterave ou de maïs.

• **C'est un nettoyant qui a de multiples usages.** Il est excellent pour dégraisser, faire briller, détartrer et enlever le calcaire comme la moisissure. Il désinfecte, blanchit, désodorise. Parmi ses nombreux emplois, retenez ceux qui suivent.

➨ **Il nettoie** les vitres.

➨ **Il détartre** les robinetteries, les éviers, les cafetières...

➨ **Il enlève le calcaire** dans le lave-linge.

➨ **Il fait briller** le cuivre.

➨ **Il désinfecte** le réfrigérateur après nettoyage, etc.

➨ **Il entre dans la composition de nombreux produits** ménagers à faire soi-même.

• ***Où le trouver ?*** En grandes et moyennes surfaces, dans toutes les épiceries.

• ***Prix :*** moins de 1 euro le litre (0,40 centime).

LES HUILES ESSENTIELLES DANS LA MAISON

Outre le fait de sentir bon, les huiles essentielles ont chacune leurs propriétés qui les font s'ajouter à votre liste des produits d'entretien de la maison naturelle. Voyons donc comment vous pourrez les utiliser, en les associant notamment aux produits que vous fabriquerez.

NATURELLES

Les huiles essentielles naturelles coûtent assez cher (entre 5 et 15 € le flacon de 10 ml). Mais elles durent longtemps car vous ne prélèverez que quelques gouttes à chaque usage en raison de leur forte concentration. Vous pouvez n'en acheter qu'une ou deux, ou bien plusieurs pour les associer et varier les senteurs au fur et à mesure de vos envies, des saisons, des pièces concernées, etc. Achetez-les 100 % naturelles, biologiques, non diluées et conservez-les à l'abri de la lumière et de la chaleur.

LES « INDISPENSABLES »

Les huiles essentielles suivantes vous serviront très souvent dans la maison : **citron, lavande, eucalyptus, citronnelle, orange, *tea tree***.

Lorsque vous connaîtrez mieux les huiles essentielles et que le parfum de certaines vous semblera plus agréable que d'autres, vous pourrez changer d'huiles essentielles au gré de vos envies. Et les associer...

Voici une autre proposition d'huiles essentielles pour la maison : **eucalyptus (sol), pin (lessive), romarin (vaisselle), lavande (linge) et citron (antibactérien et antiseptique)**. Ce dernier se mariera parfaitement avec le romarin pour le liquide vaisselle, avec l'eucalyptus pour faire un produit multi-usage, et entrera aussi dans la composition de la pierre d'argile...

L'ÉTONNANT ARBRE À THÉ

Au XVIIIe siècle, *l'explorateur James Cook découvre en Nouvelle-Galles du Sud Melaleuca alternifolia, dont l'huile était utilisée par les Aborigènes d'Australie depuis de nombreux siècles. Il nomme ces arbres « arbres à thé » (tea tree) en raison de l'infusion faite avec ses feuilles et rapporte des échantillons en Angleterre.*

À la fin des années 1920, *des journaux médicaux australiens révèlent les propriétés antiseptiques et antibactériennes de l'huile de l'arbre à thé. Hôpitaux et médecins adoptent bientôt l'huile d'arbre à thé pour stériliser et prévenir les infections. Quant aux dentistes, ils l'utilisent également pour ses qualités antiseptiques. L'huile d'arbre à thé a été donnée de façon systématique aux militaires australiens dans leur kit de première urgence jusqu'à la fin des années 1930, époque où les antibiotiques synthétiques sont venus remplacer les traitements naturels.*

Aujourd'hui, *la popularité de l'huile essentielle d'arbre à thé est en train de renaître, compte tenu de l'apparition de germes résistant même aux antibiotiques les plus puissants… L'huile essentielle de tea tree s'utilise pour désinfecter le linge (versez quelques gouttes dans la lessive), pour désinfecter la maison ou les toilettes (ajoutez quelques gouttes à l'eau de la serpillière ou directement dans les toilettes avant de les nettoyer) et entre dans la composition de nombreux produits ménagers à faire soi-même.*

À MANIPULER AVEC PRÉCAUTION

Ne laissez pas les enfants manipuler les huiles essentielles et évitez leur emploi pendant la grossesse. Attention, beaucoup d'huiles essentielles, utilisées pures, sont irritantes pour la peau. Évitez tout contact avec les yeux et les muqueuses.

QUELQUES IDÉES D'ASSOCIATION

Avec quoi mélanger l'huile essentielle de citron ?
Bois de rose, eucalyptus, lavande, rose, ylang-ylang, autres huiles essentielles d'agrumes.
Avec quoi mélanger l'huile essentielle de lavande ?
Bois de cèdre, toutes les huiles essentielles d'agrumes et de fleurs.
Avec quoi mélanger l'huile essentielle de citronnelle ?
Basilic, géranium, lavande, orange, rose, thym.
Avec quoi mélanger l'huile essentielle d'eucalyptus ?
Bois de cèdre, citron, lavande, pin, romarin, thym.
Avec quoi mélanger l'huile essentielle d'orange ?
Citron, mandarine, pamplemousse.
Avec quoi mélanger l'huile essentielle de tea tree ?
Géranium, lavande, noix de muscade, pin, romarin, épices.

PROPRIÉTÉS DE CERTAINES HUILES ESSENTIELLES

• ***Huiles antibactériennes***
Arbre à thé (*tea tree*), cannelle, citron, eucalyptus, lavande, pin sylvestre, thym...
• ***Huiles fongicides (qui détruisent les champignons)***
Arbre à thé (tea tree), bois de rose, cannelle, clou de girofle, eucalyptus, lavande...
• ***Huiles antiseptiques***
Arbre à thé, cannelle, citron, citronnelle, eucalyptus, lavande, menthe poivrée, orange douce, thym, pin sylvestre...
• ***Huiles qui éloignent les insectes***
Girofle, menthe pouliot et camphre de Chine. Spécialement les moustiques : basilic, citronnelle et géranium.

À QUI LA COURONNE ?

Les huiles essentielles reines pour les sanitaires
Arbre à thé (*tea tree*) et eucalyptus.
Les huiles essentielles reines pour désinfecter les sols
Lavande, citron, thym, menthe poivrée.
Les huiles essentielles reines pour la lessive
Lavande, orange, citron, pamplemousse.

ELLE MÉRITE D'ÊTRE CONNUE !

L'huile essentielle d'eucalyptus est une essence à l'odeur caractéristique obtenue à partir des feuilles d'eucalyptus d'Australie. Souvent utilisée comme désinfectant, elle est aussi une solution détergente pour les textiles de laine lavables. De plus c'est un répulsif naturel contre les insectes. Parmi ses utilisations, en voici quelques-unes.

- Elle redonne de l'éclat à une baignoire (surtout de couleur sombre) : quelques gouttes sur une éponge humide.
- Elle enlève les taches de sang sur les textiles et les moquettes
- Elle enlève les traces de colles qui restent après que l'on a retiré les étiquettes...

INDEX

Illustrations : Julien Kernanet

Direction éditoriale : Élisabeth Pegeon
Direction artistique : Laurent Quellet

Conception graphique : Iris Glon

Mise en page : Sebastian Mendoza

Suivi éditorial : Véronique Jeannot

Suivi de fabrication : Aurélie Lacombe

N° de fabrication : F11063-01
Photogravure : Turquoise

N° d'éditeur : 49561

Achevé d'imprimer en août 2011 par Edelvives en Espagne,
suivant des procédés préservant l'environnement, sur du papier Munken Print
fabriqué à partir de pâte à papier issue de forêts exploitées en gestion durable.
Couverture imprimée sur du papier recyclé Cyclus Offset